프로이트 씨,
소통은 어떻게 하나요?

프로이트 씨,
소통은 어떻게 하나요?

초판 1쇄　2013년 6월 20일
초판 6쇄　2022년 1월 28일

지은이　이남석

책임 편집　윤정현
마케팅　강백산, 강지연
디자인　땡스북스 스튜디오

펴낸이　이재일
펴낸곳　토토북

주소 04034 서울시 마포구 양화로11길 18, 3층 (서교동, 원오빌딩)
전화 02-332-6255 ｜ 팩스 02-332-6286
홈페이지 www.totobook.com ｜ 전자우편 totobooks@hanmail.net
출판등록 2002년 5월 30일 제10-2394호
ISBN 978-89-6496-142-1 44100
ISBN 978-89-6496-141-4 44100 (세트)

프로이트 씨,

소통은 어떻게 하나요? 이남석 지음

팀

교양의 원천을 찾아가는 지상 최고의 탐험 ·················· 06

01 프로이트의 ················· 14
생애

엄마를 특별히 사랑한 소년 16 · 상처받은 아이 20
호기심 많은 청년 24 · 영민한 연구자 30
모든 일에 헌신적인 사람 36
tip 프로이트가 영향받은 당시의 시대상 45

02 정신분석학 ················· 48
기본 3종 세트

의식 수준 3종 세트 50 · 정신 체계 3종 세트 57
방어 기제 역할 3종 세트 59
프로이트의 눈으로 개인과 사회 현상 바라보기 65
tip 단순하면서 절대적인 한 줄 용어 정리 73

03 프로이트를 이해하는 ················· 76
지름길, 꿈

프로이트가 꼽은 최고의 책 78
예술로 승화하는 꿈 86 · 예술가들의 정신분석 90
숨바꼭질하는 꿈 95 · 여고생이 분석한 꿈 104
tip 프로이트가 밝히는, 꿈의 뜻을 쉽게 이해할 수 없는 이유 110

04 프로이트 이해를 ·················· 112
막는 장벽, 성

어린이와 성 114 · 인간의 발달 단계와 성 116
사회와 성 125 · 가상 토론: 성은 억압되었는가? 128

05 프로이트를 통해 이해하는 ·················· 146
사회와 역사

사회도 인간처럼 성장한다 148 · 인간의 성장 비밀, 오디이푸스
콤플렉스 154 · 인간을 인간답게 만드는 본능, 타나토스 158
인간을 인간답게 만드는 행동, 현실 원칙 165 · 프로이트 이론으로
보는 현대 사회의 문제 170 · 프로이트 이론으로 보는 역사적 관점
의 문제 174 · 가상 토론: 억압이 문명을 만들었을까? 181
tip 사회를 이해하는데 필요한 인간의 본능 200

06 프로이트 ·················· 202
올바로 이해하기

가상 토론: 인간 본능의 뿌리는 오직 리비도뿐일까? 204
가상 토론: 정신분석학을 과학이라 부를 수 있을까? 222
tip 여러 가지 과학적 탐구법 237

왜 다시 프로이트인가? ·················· 238
부록_프로이트에서 한 발짝 나아가기 ·················· 255

교양의 원천을 찾아가는 지상 최고의 탐험

중학교와 고등학교에 다니는 조카들이 좋은 책을 권해 달라고 하면, "내가 쓴 책을 읽어. 모두 좋은 책이야." 하고 장난 섞어 대답한다. 그러면서 작가이기 전에 독서광 삼촌이 봤던 책 중에서 '최고 마음의 양식'을 추천받아 읽고 싶어 하는 조카들의 마음을 읽는다.

"교육부와 여러 대학에서 내놓은 추천 도서 목록이 있으니 그것을 참고해. 아니면 교사 모임에서 추천하는 최근 도서 목록을 참고해도 좋아. 모두 좋은 책이지만, 네가 관심 있는 책부터 읽으면 더 유익할 거야."

나의 심드렁한 대답에 조카들은 서운한 기색을 보인다. 하지만 나는 아이들이 학교 공부할 시간이 없다며, 독서 숙제로 내 준 책도 꼼꼼히 읽지 않는다는 것을 안다. 그 상황에서 책을 또 권해 준다는 것이 무슨 의미가 있겠나 싶었다. 그리고 내가 추천하는 책이라고 해서 여러 기관의 추천 도서 목록과 크게 다를 것 같지 않았다.

그러나 잠시 후 생각을 고쳤다. 내 청소년기를 떠올려 보니, 매우 어려운 내용이라도 도전해서 어렴풋하게라도 뭔가 알게 되었을 때의 쾌감과 그 계기로 더 많은 책과 만나 마음의 빗장을 열어젖힌 일 등이 떠올랐다. 그리고 실제로 그런 기회를 준 책이 생각났다.

내 안의 욕망이 사회와 어떤 관계를 맺고 있는지 알게 해 준 프로이트의 책들, 내가 생각하는 여러 가치가 정말 올바른 것인지 깨닫게 해 준 니체의 책들, 여러 관념이 실생활에서 어떤 의미를 갖는지 비판적으로 검토하게 해 준 마르크스의 책들. 이 책들은 수능의 사회탐구 영역이나 논술, 구술 등의 핵심 개념을 거의 전부 건드릴 정도로 교양에서 중요한 위치를 차지한다. 여러 가지 다른 책을 읽는 것보다 교양의 원천을 읽는 것이 지름길이라 생각했다. 더구나 프로이트, 니체, 마르크스 책은 교과서에 나오는 다양한 지식이 어떻게 형성되었는지도 깊이 이해할 수 있어 각종 심화 응용 문제에도 대비할 수 있을 뿐만 아니라, 지식을 체계적으로 구성하는 비법도 얻을 수 있으니 여러모로 유익하리라 생각했다. 나는 웃으며 조카들에게 말했다. "삼촌이 진짜 최고의 책을 알려 주는 대신, 그 책을 꼭 읽겠다고 약속해야 한다."

의욕 충만한 조카들은 눈을 빛내며 고개를 끄덕였다. 종이에 맨 처음 읽을 책 이름을 적어 주었더니, 조카들은 무협지에 나오는 필살기가 담긴 비전秘傳을 얻은 것처럼 좋아했다. 두 달 뒤, 가족 모임에서 조카들을 봤을 때는 다 뾰로통해져 있었다. 내가 무슨 말인지 모를 어려운 책을 권해 줬다는 게 이유였다. 형수님들도 프로이트의 책은 성에 관한 내용이 많아서 아이들이 읽기에는 부적절하지 않느냐고 했다.

'그래서 나는 중3 겨울 방학 때 재미있게 읽었는데…….'

나는 조카들에게 권했던 지크문트 프로이트의 《꿈의 해석》을 다시 읽었다. 그러면서 내가 이 책을 권한 이유와 아이들이 재미없게 읽은 이유에 대해서 생각해 보았다. 청소년기는 자아 정체성에 대한 고민, 자신만의 독자적 세계를 만들려는 열망과 타인에 대한 의존심, 주변의 사건에 대한 호기심과 귀찮음, 미래에 대한 불안과 동경 등이 씨줄과 날줄로 엮이며 마음의 변화가 급격한 시기이다. 그러나 당사자는 그것을 초등학생처럼 미주알고주알 풀어 놓지 않는다. 자신은 이미 많이 컸다는 생각에 겉으로는 의연한 척, 무덤덤한 척, 센 척하며 변화를 겪는다. 속으로 곯아 가면서.

그것을 알고 있는 나는, 조카들이 특히 남에게 이야기하지 못하는 다양한 욕망을 프로이트의 책을 읽으며 돌아보기를 바랐다. '나는 왜 이런 감정이 드는 것일까?', '왜 요즘 꿈에 등장하는 것들이 이상하게 변하는 것일까?', '나만 이상한 것은 아닌가? 다른 사람은 과연 어떨까?' 등 개인적 호기심을 프로이트의 책을 통해 해결하기를 원했다. 그리고 프로이트가 제안한 개인적 마음의 작동 원리를 통해, 사회의 운용 원리를 내다보는 통찰도 얻게 되기를 기대했다. 프로이트는 심심풀이 해몽이 아니라 보편적 원리를 찾는 방식으로 책을 써 놓았기 때문이다.

'최소 희생 최대 효과'를 바라는 아이들에게는 한 권의 책을 읽어 개인적 문제를 생각하고, 고전을 읽는 훈련도 하고, 사회를 보는 안목도 기를 수 있는 일석삼조, 아니, 그 이상의 기회가 될 수 있었다. 프로이트의 생애를 통해 열정에 대해서 가슴으로 생각할 수 있으며, 이론 발달 과정을 통해 자연 과학과 인문 과학의 다양한 개념을 접하면서 분야를 아우르는 창의적 지식의 핵심을 관통할 수도 있다. 그런데 아이들에게는 불행히도 프로이트의 책이 그렇게 보이지 않았나 보다. 독서보다는 게임이나 영화가 익숙한 조카들은 글자로 된 프로이트의 이야기에 감정을 이입하여 읽지 못했다. 조카들에게는 그냥 딱딱한 정보 덩어리였다. 그러니 유익한 지식이나 감동도 얻기 어려웠던 것이다.

나는 조카들에게 프로이트의 책 내용을 풀어서 설명해 주었다. 환상 세계의 놀이공원에 간 청소년 이야기로 바꿔서 말이다. 아이들은 재미있어 했다. 결국, 설명하는 이론은 똑같았지만, 아이들은 이야기 이면에 있는 것을 곧바로 보지 못했다. 자신의 문제로 바꾸거나, 자신이 익숙한 상황에 빗대어 설명해 주어야 이해했다. 이런 상황은 내 조카들뿐만 아니라 다른 청소년도 마찬가지라고 생각했다. 그래서 이 책을 기획하게 되었다.

프로이트 입문서는 대개 두 종류로 나뉜다. 개인적 정신분석 문제에 치우쳐 독자의 공감은 얻을 수 있으나 프로이트 이론의 진수를 느끼게 하는 것에 실패하는 부류가 하나이다. 반대로 개인적 수준의 문제는 뒤로 미루고 역사와 사회 문화적인 측면을 강조하며 거대 담론에 치우쳐 학자들의 이름과 개념어를 많이 제공하는 부류도 있다. 후자는 다양한 지식을 맛볼 수는 있으나 사변적인 논의가 대부분이다. 그래서 정작 현실 문제에 대한 통찰은 독자가 각자 알아서 해결해야 하는 문제점을 가지고 있다. 프로이트는 개인적 수준과 사회적 수준의 담론을 동시에 풀어내며 종합적인 통찰을 주는 학자이다. 그런 지평을 보여 주지 못하면 프로이트 입문서로서 실패한 것이다.

Sigmund
Freud

그래서 이 책은 프로이트 개인적 일화가 보편적인 심리와 어떻게 연결되는지를 지적하고, 단순한 일화가 프로이트 이론을 드러내는 예화로 다가갈 수 있도록 했다. 프로이트의 저작에 대한 설명도 청소년이 겪거나 생각해 봤을 예화를 넣고자 했다. 그래서 그 예화를 생각의 징검다리로 밟고 다양한 수준의 프로이트를 만날 수 있도록 했다. 나는 프로이트 이론을 "통한" 다양한 지평을 스스로 만드는 길을 보여 주고 싶었다. 그래서 독자가 개인 심리에 대한 분석뿐만 아니라 사회 원리에 대한 통찰을 얻을 수 있는 연결점을 만드는 것에 가장 신경을 썼다.

　　청소년기에 읽으면 좋은 책은 많이 있다. 그러나 굳이 순서를 정해야 한다면 나는 프로이트를 최우선으로 놓고 싶다. 앞에서도 말했지만, 프로이트의 이론에 의하면 개인의 마음 작동 원리는 사회의 구성 원리이기도 하다. 따라서 개인의 마음 구조와 과정을 안다면 다른 사람의 마음도 이해하게 될 뿐만 아니라 사회가 변하는 원리까지 알게 된다. 한 방에 여러 문제에 대한 답을 해결하는 족집게 과외가 따로 없다. 그래서 지금도 프로이트의 이론을 열정적으로 공부하는 사람이 많다. 철학자, 정치학자, 경제학자, 심리학자, 사회학자, 신화학자, 비평가, 과학철학자, 신경과학자, 예술가 등 인간과 관련된 거의 전 분야의 학자들이 프로이트 이론을 필수 개념으로 공부한다. 그리고 학자들은 프로이트 이론을 옹호하거나 수정하거나 반대하는 자신의 이론을 내놓는다. 덕분에 프로이트 이론을 모른다면 이해하기 어려운 지식이 현재 인터넷과 지면에 많이 떠돌고 있다. 그래서 지식으로 생각의 집을 짓는다면 꼭 들어가야 하는 필수품인 프로이트의 이론은 현재 진행형이다. 앞으로도 프로이트는 고전으로서 계속 인용될 것이다. 이것이 미래 사회의 주역이 될 청소년이 프로이트 이론을 공부해야 하는 이유이다.

그럼에도 현재 지식인 중에서는 프로이트 이론을 오해하는 사람이 있다. 프로이트에 대한 오해는 그의 모순된 특성에서 나온다. 이성주의자였으면서도 비이성적인 무의식에 대한 이론을 펼친 것이나, 자연과학자로서 박사 학위까지 받았으며 진화론과 물리학 법칙을 적극 수용했지만 결국 인문학자에 가까운 입장에서 정신분석학을 제창한 것 등이 그렇다. 프로이트는 스스로 밝혔듯이 인간 개개인과 사회 전체에 숨겨진 원리를 파헤치기 위해 '고고학적 연구'를 한 것이다. 긴 탐험 끝에 마음이라는 유적지를 발굴했지만, 남이 보기에는 온갖 잡동사니를 모아 놓은 것에 지나지 않을 수 있다. 그러나 프로이트를 잘 들여다보면 박물관과 같은 그의 연구실에서 책 속의 지식과 자신의 경험, 환자의 경험 등을 종합해서 가장 단순한 답을 내놓은 것임을 이해할 수 있다. 그리고 나서야 프로이트에 동의하든 반대하든 각자 새로운 지식을 향한 탐험을 떠나게 될 것이다.

개인과 사회의 숨겨진 원리로 가는 지름길은 프로이트가 이미 알려 주었다. 함께 길을 가려는 용기만 있으면 된다. 일단 발걸음을 떼면 멋진 탐험가가 될 수 있다. 프로이트의 이론이라는 비밀 지도가 알려 주는 미지의 세계에서 무엇이 튀어나올지 모르지만, 벌써 여러분 안에서 뭔가가 요동치고 있지 않은가? 자, 인문학 지식의 횃불을 들고 이제 함께 떠나 보자.

즐거운 지식 탐험에 초대하며
이남석

01

프로이트의 생애

프로이트의 이론에 의하면 사람의 성격은 생애 초기
즉, 어렸을 때 어떤 경험을 했느냐에 따라 결정된다.
따라서 프로이트를 잘 이해하자면 프로이트의 어린 시절을
세밀하게 들여다볼 필요가 있다. 그리고 어린 시절 경험이
어떻게 그의 삶과 이론에 영향을 미쳤는지를 중심으로
분석하면 프로이트를 더 잘 이해할 수 있을 것이다.
백과사전에서 프로이트의 생애를 찾아보면 평탄한 삶을
산 것처럼 보이지만, 사실은 전혀 그렇지 않았다.
프로이트는 아버지와 세 번째로 결혼한 엄마가 낳은
아들이었다. 태어나자마자 자기 위로 엄마가 다른 형제가 있는
상태였다. 탄생부터 참으로 복잡한 경험을 할 수밖에 없는
환경이었다. 그리고 프로이트는 유럽에서 증오의 대상이던
유대 인이라서 더 힘든 경험을 많이 했다.
어릴 적부터 재능이 많았지만, 경제적으로 안정된 상황이
아니라 맘 편히 공부할 수도 없었다. 프로이트는
천재가 되기보다는 사회에 대해 불만이
많은 반항아가 되기 쉬운 상황에 더
많이 노출되어 있었다. 하지만 그는
남다른 재능을 발휘해서 불멸의
업적을 쌓았다. 어떻게 그런 일이
벌어진 것일까?

지크문트 프로이트 1856~1939

엄마를 특별히 사랑한 소년

지크문트 프로이트Sigmund Freud는 현재는 체코의 땅이 되었지만 1856년 당시 오스트리아-헝가리 연합 제국에 속하던 소도시 프라이베르크에서 태어났다. 지크문트 프로이트의 아버지인 야코프 프로이트Jacob Freud는 모피를 취급하는 유대 상인이었다. 아버지는 아주 뛰어나지는 않았지만 웬만큼 지적인 대화를 할 수 있는 사람이었다. 아버지가 지은 지크문트라는 이름은 유대 어의 '가르침에 기뻐하는 현자賢者'라는 뜻의 단어를 조합해서 만든 이름이었다. 실제로 아버지는 아들이 똑똑하다고 생각해, 아무리 가난해도 프로이트의 교육비를 최우선으로 배정했다. 아버지의 이러한 열정은 아들에게 긍정적인 영향을 미쳤다. 그러나 아버지는 객관적으로 보면 무능력했다. 프로이트가 세 살 되던 해에 사업이 망하면서 가족 모두 고향을 떠나야 했다. 그리고 1년 정도 독일에 살다가 오스트리아 빈에 정착했다. 그 후 프로이트는 80년 가까운 세월 동안 빈에서 살았다.

빈에서도 프로이트 가족은 몹시 가난했다. 프로이트는 생애 대부분을 산 빈보다는 고향인 프라이베르크에서 산 3년을 그리워했다. 세 살이 되기 전의 고향을 추억하는 아이라니, 이상해 보일 수 있다. 세 살이라면 보통 사람은 어떤 일이 있었는지 기억조차 못한다. 그러나 프로이트는 세 살 이전에 프라이베르크에서 보낸 시간을 '나의 젊은 어머니와 함께한 꿈같은 생활'이었다고 밝혔다. 그리고 죽을 때까지 프라이베르크의 공기와 흙을 자신이 느낄 수 있다고 할 정도로 그리워했다. 인간이 의식할 수 없는 영역인 '무의식'에 대해 연구한 학자다운 일면이다.

　　프로이트는 자신의 세 살 때까지를 에덴동산과 같은 낙원처럼 묘사했지만, 객관적으로는 그것과 거리가 멀었다. 프로이트의 가정은 단란하기보다는 매우 복잡한 관계가 얽혀 있어 미묘했다. 프로이트의 어머니 아말리 나탄손Amalie Nathanson은 아버지의 세 번째 부인이었으나, 그녀는 초혼이었고 아버지보다 스무 살가량이나 어렸다. 그리고 아버지 한테는 프로이트의 어머니와 나이 차이가 별로 나지 않는 이복형제가 두 명이나 딸려 있었다. 조카가 프로이트보다 한 살 더 많을 정도였다. 프로이트의 엄마는 이복형제에게는 새엄마였으니 그들 사이에 긴장감이 있을 수밖에 없었다. 그리고 프로이트도 나이 차이가 크게 나는 이복형제에게 위압감을 느낄 수밖에 없었다. 그러니 프로이트가 말한 '어머니와 함께한 꿈같은 생활'은 풍족한 낙원을 묘사한 것이라기보다는 자신과 어머니가 마치 아담과 이브가 그랬던 것처럼 심리적으로 유대감이 가장 깊었던 시기였음을 표현한 것이다. 프로이트는 나이 든 아버지와 젊은 어머니의 맏아들로 태어났지만, 이후 10년 동안 6남매의 탄생을 더 지켜봤다. 동생이 생길 때마다 프로이트는 어머니가 아이를 낳다가 죽거나, 엄마가 동생에게 매달려 자신은 엄마와의 둘만의 낙원에서 멀리 추방당할 것만 같은 두려움을 느꼈다. 이것은 프로이트뿐만 아니라 동생을 얻게 된 첫째라면 누구나 느끼는 심리이다.

　　어느 날 갑자기 엄마가 어떤 아기를 품에 소중하게 안고 있다. 쪼글쪼글한 피부에 시뻘건 얼굴을 한 아기를 보며 사람들은 예쁘다고 난리다. 어제까지만 해도 모든 사람이 관심을 두는 건 나였지만, 이제 사람들은 내가 어디에 서 있는지조차 관심이 없다. 아기에 관한 관심이 시들해질 때만 나를 찾는다. 엄마의 사랑을 독차지했으나 갑자기 경쟁자가 생긴 것이다. 그런데 적응할 사이도 없이 다양한 변화가 계속 밀어닥친다. 엄마는 첫째인 나에게 했던 것처럼 동생을 정성을 다해 보살핀다. 그러나 정작 나에게는 예전과 다르게 시간을 적게 들인다. 그리고 어느 순간 단둘이 함께하는 시간만 줄어든 것이 아니라, 애정의 질도 달라진 듯하다. 그래서 동생을 미워하게 된다. 그러나 동생을 노골적으로 미워하면 혼난다. 본심을 공개적으로 드러낼 수 없는 상태.

이때 첫째는 두 가지 전략을 세운다. 하나는 동생을 잘 대하면서 엄마의 사랑을 다시 회복하는 것이다. 기저귀 가는 것을 도와주고, 동생의 먹을 것을 챙겨 주기도 한다. 그러면 엄마가 좋아한다. "역시 맏이답게 의젓하구나."라는 말을 들으면 동생도 넘보지 못할 특별한 애정을 얻은 것 같은 기분이 들며 행복하다.

다른 전략으로는 동생이 엄마의 사랑을 받을 기회를 주지 않는 것이다. 끊임없이 말썽을 부려서 자신의 문제를 해결하느라 엄마가 동생을 생각할 여력이 없게 만든다. 그러나 이렇게 되면 원하던 애정보다는 분노의 감정만 얻는다. 영민한 아이는 자신의 재능을 맘껏 펼쳐 보여 자랑거리가 되어 엄마의 사랑을 독차지하려고 한다. 엄마는 다른 사람이 특별한 관심을 보이는 아이에 관해서는 신경 써서 말 한마디라도 더 나누기 때문에 첫째는 엄마의 애정을 차지하기 위한 경쟁에서 동생

18

을 이긴 기분이 든다. 프로이트도 자신의 재능을 적극 활용했다. 그래서 변함없는 엄마의 사랑을 받았다. 하지만 충분하지 않았다. 젊고 아름다운 어머니에 대한 어린 프로이트의 독점욕은 매우 컸다. 이런 독점욕이 어쩌면 그가 동생들이 태어나기 전인 세 살 이전의 세계를 그리워하게 만든 것일지도 모른다. 경쟁에서 이기는 것이 아니라, 경쟁조차 없었던 시기를 말이다.

　　그러나 처음부터 엄마를 두고 프로이트와 경쟁하는 사람이 있었다. 이복형제나 친동생들을 합친 것보다 더 강력한 경쟁자. 바로 프로이트의 아버지였다. 아버지와 어머니가 사랑해서 자신이 세상에 태어난 것임을 이성적으로 이해하면서도 프로이트는 감정적으로는 어머니의 사랑을 나누는 것을 받아들이기 어려웠다. 그러던 중 프로이트는 일곱 살 때 우연히 부모의 성행위를 목격했다. 그는 선 자리에서 오줌을 쌌다. 덕분에 부모의 성행위는 중단되었다. 남달리 영특했던 프로이트는 두 살 때부터 대소변을 잘 가렸다. 그런데 왜 갑자기 오줌을 쌌을까? 프로이트는 나중에 정신분석학을 발전시키면서 자신의 행동을 설명할 수 있었다. 프로이트의 설명을 따르면 이렇다. 당시 프로이트는 부모가 하는 성행위가 무엇인지는 의식적으로 정확히 알 수 없는 나이였다. 하지만 본능적으로 그것이 어머니와 아버지만의 비밀스러운 애정 행각이라는 것을 느끼고 있었다. 그걸 막고 싶다는 마음이 방뇨라고 하는 구체적인 행동으로 나타난 것이다. 덕분에 프로이트는 소망을 이루었다. 결국, 이날 밤 어머니는 갑작스럽게 오줌을 싸며 우는 프로이트를 달래기 위해, 그를 안고 잠자리에 들었다. 아버지로부터 사랑하는 어머니의 품을 빼앗은 것이다. 프로이트의 독점욕은 어머니와의 관계의 중요성에 관해 언급한 말에서도 확인할 수 있다.

"줄곧 어머니의 사랑을 독차지하며 자란 남자는 평생 정복자와 같은 마음, 다시 말해 성공에 대한 확신을 갖고 살게 된다. 그리고 그런 확신은 진짜 성공으로 이어진다."

무심코 들으면 고개를 쉽게 끄덕일 말이다. 어머니에게 지지를 받은 아이가 성공한다는 말은 자녀 교육서나 신문 기사 등에서 쉽게 찾을 수 있으니까. 그런데 정복자와 같은 마음이라니. 정복은 다른 사람의 것을 빼앗는 것이다. 나중에 자세히 다루겠지만 프로이트의 어머니를 중심으로 한 개인적 심리는 프로이트의 정신분석학 발전에 가장 큰 토대가 되었다.

상처받은 아이

어머니는 자신의 장남인 프로이트에게 매우 큰 사랑과 관심을 쏟았다. 그래서 프로이트는 행복했다. 그러나 프로이트가 11개월 때 동생 율리우스^{Julius}가 태어나자, 프로이트는 매우 큰 상실감과 분노를 느꼈다. 그래서 그는 바로 아래에 태어난 동생이 사라지기를 바랐다. 그런데 실제로 율리우스는 생후 8개월이 되기 전에 죽었다. 프로이트에게 책임이 있을 리 없는 불행이었지만, 그는 자신의 나쁜 마음이 동생을 죽였다는 죄책감을 가졌다. 그리고 이 죄책감은 프로이트를 오랫동안 괴롭혔다.

처음에 프로이트는 왜 자신이 괴로운지 몰랐다. 하지만 자신을 정신분석할수록 어릴 때의 죄책감이 작용한 것이라는 것을 알게 되었다. 결국, 그는 자신의 경험을 통해 의식적으로 부정해도 떨어지지 않는 마음의 실체인 무의식을 연구할 실마리를 찾은 것이다. 그리고 자신의 죄책감의 근원을 파헤쳐 종교를 설명했으며, 그것을 저서《토템과 터부 Totem und Tabu》에 체계적으로 정리했다.

프로이트가 개인의 경험을 이론으로 발전시킨 다른 예는 정신적 외상·psychic trauma, 精神的 外傷이다. 프로이트가 열두 살 때, 아버지는 유대인이라는 이유로 모욕당한 일화를 프로이트에게 들려주었다. 아버지는 새 모자를 쓰고 산책하고 있었는데, 한 기독교인이 나타나 그의 모자를 빼앗더니 시궁창에 집어던졌다. 그리고 기독교인은 소리쳤다.

"야, 이 유대 인 놈아! 사람이 다니는 길에서 비켜!"

어린 프로이트는 물었다.

"그래서 아빠는 어떻게 했어요?"

어린 마음에 통쾌한 복수를 기대한 프로이트에게 아버지는 힘없이 대답했다.

"으응, 뭐 그냥 모자를 주워서 돌아왔지……."

어린 프로이트는 무기력한 아버지의 모습에 크게 실망했고, 이것이 정신적 외상이 되었다.

정신적 외상은 정신이나 육체에 영향을 미치는 마음의 상처를 말한다.
흔히 심리적 상처라고도 표현한다. 유아 학대나 화재, 재난, 교통사고
같은 사건과 사고도 정신적 외상의 원인이 된다. 대부분 정신적 외상은
자신도 기억하지 못하는 어린 시절의 충격으로 생기고, 내면 깊숙한
곳에 새겨지기 때문에, 매우 사소한 상처라 하더라도 치유하기가
쉽지 않다.

아버지의 실망스러운 행동에 정신적 외상을 입은 프로이트는
아버지를 자신의 성장 역할 모델로 삼는 것이 영 찝찝했다. 머리로는 별
것 아닌 일이라며 넘기려 해도 마음먹은 대로 되지 않는 것이다. 억누를
수록 더 스트레스를 받았다. 영민했던 프로이트는 같은 상황을 겪었어
도 다르게 행동했을 위인을 찾았다. 결국 카르타고의 한니발 장군과 영
국 정치가 올리버 크롬웰을 역할 모델로 삼았다. 그리고 그들을 흉내 내
는 것으로 정신적 외상을 극복했다.

한니발 장군은 프로이트와 같은 셈 족이면서 거대 제국, 로마
를 정복하고자 했던 카르타고의 장군이다. 기원전 218년 여름, 한니발
이 10만여 명의 군대를 이끌고 에스파냐에서 출발해 피레네와 알프스
산맥을 넘었던 일화는 전설로 남아 있다. 당시 로마는 한니발의 군대가
바닷길로 오리라 짐작했기 때문에, 의외의 전략으로 적을 공격한 것이
다. 한니발의 탁월한 지도력은 역사 저술가 플루타르코스^{Plutarchos}가 지
은 《플루타르코스 영웅전^{Bioi Paralleloi}》에 자세히 나온다. 한니발은 로마 군

인을 7만 명이나 죽이고 만 명을 포로로 잡는 대승을 거두어 로마를 궁지로 몰아넣었다. 하지만 로마군이 막대한 물리력을 바탕으로 반격하는 바람에 결국 로마 정복에는 실패했다. 한니발은 전쟁에서 진 후, 포로가 되기 전에 결연하게 음독자살로 생을 마감했다.

당시 오스트리아는 로마 가톨릭 국가로 셈 족을 배척했다. 이런 상황에 반항심을 품은 프로이트는 아버지처럼 나약한 인물이 아니라 한니발처럼 목숨까지 내던질 수 있는 열정과 힘을 갖춘 인물이 되고 싶었다.

프로이트가 존경한 또 다른 인물인 크롬웰도 군주제를 반대해 싸운 영웅이라는 점에서 프로이트의 반항적 성향을 알 수 있다. 크롬웰은 국왕 찰스 1세의 정책에 불만을 품은 청교도와 폭넓게 교류하며 세력을 키운 정치가이다. 또한, 한니발처럼 직접 자신의 부대를 이끌고 전투에서 승리를 거둔 군인이기도 하다. 정신적 외상을 입은 프로이트가 억압을 뚫을 수 있는 물리적인 힘의 중요성을 얼마나 간절하게 생각했는지 재차 확인할 수 있는 대목이다. 그리고 시민의 권리를 설파한 정치적 영웅과 개인적 야욕에 눈이 먼 군사 독재자라는 극단적 평가를 받는 크롬웰을 존경했다는 점에서 프로이트의 운명을 엿볼 수 있다. 프로이트 자신도 20세기를 만든 사상가와 오류투성이인 가짜 학문을 퍼뜨리는 원흉이라는 극단의 평가를 받고 있으니 말이다.

그런데 중요한 것은, 프로이트가 지레 겁먹고 피하는 아버지가 아니라 실패하더라도 열정을 다한 한니발이나 크롬웰 같은 인물이 되고 싶어했다는 점이다. 그래서 프로이트는 학계의 거센 비판에 굴복하지 않고 꿋꿋이 자신의 길을 갈 수 있었던 것이다. 심지어 프로이트는 한니발과 자신을 지나치게 동일시한 나머지 로마 여행에 번번이 실패했다. 그때는 어떤 심리적 장벽 때문인지 프로이트 자신도 몰랐다. 로마 입성에 실패한 한니발처럼 되고 싶었던 무의식이 원인으로 작용한 것임을 확인한 다음에야 프로이트는 로마 여행을 할 수 있었다. 그리고 프로이트는 자신이 아버지가 된 후에 정신적 외상을 완전히 극복할 수 있었다. 프로이트가 아들과 휴양소에 있는데 반유대주의자들이 공격해 온 것이다. 프로이트는 자신의 아버지와는 다르게, 용감하게 혼자서 반유대주의자들의 공격을 물리쳤다. 그는 아들에게 용감한 모습을 보여 준 자신이 자랑스러웠다. 그리고 정신적 외상은 말끔히 치유되었다.

이런 프로이트의 경험은 히스테리 환자 치료에 중요한 단서가 되었다. 지금도 사이코드라마나 상담을 통해 상대방의 입장에서 생각해 주관적인 심리적 상처를 객관화시키거나, 과거의 상황을 연극으로 재현하여 다른 행동을 할 기회를 줌으로써 심리적 상처를 치유한다. 이러한 행동 수정 요법은 프로이트 이론에 의해 생긴 심리 치료 방법이다.

호기심 많은 청년

프로이트는 어릴 적부터 지적 호기심이 왕성했다. 그는 아홉 살에 김나지움_{중학교와 고등학교를 합친 독일의 교육 과정}에 입학했다. 그리고 처음 2년을 제외하고 나머지 7년 동안 수석을 놓친 적이 없었다. 프로이트는 학교에서 특별 대우를 받았고, 대부분의 사소한 시험은 면제받았다. 그는 학교에서 라틴 어, 그리스 어, 프랑스 어, 영어를 배웠고, 스페인 어와 이탈리아 어는 독학했다. 프로이트는 유대 인으로서 강력한 힘을 가지고 싶어 법대에 진학하려고 했으나 우연히 당시 유명 강사가 낭송한 시를 들은 후 자연 과학 쪽으로 진로를 바꾸었다.

"자연은 끊임없이 우리에게 자기에 대해서 말해 주지만, 인간은 자연의 비밀을 모른다. 인간은 자연의 품 안에 살면서도 자연의 이방인이다."

프로이트는 이 시구를 괴테가 지었다고 생각하고 크게 감동했다. 문학가이자 자연 과학자였던 괴테의 지평을 그대로 드러내는 말을 들었다고 생각한 프로이트는 주체할 수 없는 힘을 느꼈다. 그러나 허무하게도 그 시구는 이름 없는 작가의 것이었다. 이런 오해는 평생 열정을 쏟을 분야를 찾던 영민한 청소년이 자신의 멘토를 찾아 인생을 바꾸겠다는 절실함 때문에 벌어진 일이 아니었을까?

여하튼 자연에 대한 프로이트의 과학적 탐구욕은 청소년기에 이 짧은 시구를 들음으로써 꿈틀거리기 시작했다. 그 후 프로이트는 스스로 "지식욕을 가진 사람"이라고 할 정도로 자연 과학을 중심으로 다양한 학문을 섭렵했다. 이러한 과학적 호기심은 그의 정신분석학에도 지대한 영향을 미쳤다. 정신분석학은 자연 과학적 논리 체계에 기본 바탕을 두고 있다. 정신분석학의 탄생에 영향을 준 대표적 이론으로는 인과론causationism, 결정론determinism, 진화론evolutionism, 에너지 보존 법칙law of energy conservation 등이 있다.

인과론因果論은 말 그대로 원인과 결과에 대한 이론이다. 인과론은 모든 일은 원인이 있으며, 원인 없이는 어떠한 현상결과도 일어나지 않는다고 주장한다. 이 원인과 결과의 규칙적인 관계를 인과 관계 또는 인과성因果性이라 한다. 그리고 어떤 원인에서 어떤 결과가 필연적으로, 즉 법칙에 따라 일어날 때 이 법칙을 인과율因果律이라고 한다. 프로이트는 인간이 행동하도록 만드는 원인이 마음이라고 생각했으며, 세부적으로는 마음 중에서도 무의식이 모든 것을 좌우한다고 생각했다.

결정론決定論은 운명론運命論과 반대되는 이론으로, 인간의 행위를 포함하여 이 세상에서 일어나는 모든 일은 우연이나 선택의 자유에 의하여 일어나는 것이 아니라, 일정한 인과 관계의 법칙에 따라 결정된다고 주장한다. 프로이트는 인간의 마음과 행동이 신의 의지나 우연한 조합에 의해 갑자기 생기는 것이 아니라, 나름의 인과적 체계를 갖춘 작동 원리에 의해 일어난다고 생각했다. 그래서 꿈과 현실 속의 여러 가지 현상을 똑같이 설명할 수 있는 무의식 이론을 만들었다.

진화론進化論은 창조론創造論과 대비되는 이론이다. 생물이 절대자의 설계로 단번에 탄생한 것이 아니라, 생물 집단이 여러 세대를 거치면서 변화를 축적하여 집단 전체의 특성을 변화시키고 나아가 새로운 종의 탄생을 일으키는 진화 과정을 거친다는 이론이다. 따라서 인간도 기독교에서 주장하는 것처럼 최초에 신이 자신의 모습을 본떠 만든 형상 그대로가 아니라, 생명의 역사를 아우르는 진화 과정을 통해 현재의 모습을 갖게 되었다고 진화론은 주장한다. 프로이트는 진화론 중에서도 특히 다윈의 이론에 매료되었다. 그는 자연 선택설을 '강한 생물만이 선택된다'는 적자생존適者生存의 법칙으로 이해했다. 그리고 다윈의 진화론을 바탕으로 오이디푸스 콤플렉스 이론을 전개했다. 즉, "강한 자가 우수한 상대를 얻고, 약자의 성적 욕망은 좌절된다. 그러므로 어머니에 대한 아이의 성적 욕망은 강력한 아버지에 의해 실패할 수밖에 없다"는 오이디푸스 콤플렉스의 기본 원칙은 다윈으로부터 출발한 것이다.

에너지 보존 법칙은 열역학 제1법칙으로도 유명하다. 역학力學은 말 그대로 힘, 즉 에너지의 작동 원리에 관한 물리학의 한 분야이다. 열역학熱力學은 좀 더 세부적인 물리학의 분야로서 에너지, 열, 일, 무질서도를 나타내는 용어인 엔트로피entropy 등을 다루며 우주 전체를 연구 대상으로 운동 법칙을 설명하는 학문이다. 그런데 열역학에서는 학문적으로 관심이 있는 영역을 세 개의 다른 계system로 나눈다.

첫째, 고립계isolated systems는 환경과 열, 물질, 일 모두 교환하지 않는다. 외부와 완전히 단절된 기체 실린더를 떠올리면 쉽게 이해할 수 있다. 하지만 엄밀한 의미에서 자연 상태에서 고립계는 있을 수 없다. 아무리 단절해도 중력이 작용하거나 물질 변화에 영향을 미치는 요소가 있기 때문이다.

둘째, 닫힌계closed systems는 환경과 에너지열과 일는 교환하지만, 물질은 교환하지 않는다. 예를 들어, 온실은 온실 외부環境와 열을 교환하지만, 물질을 교환하지 않으므로 닫힌계로 볼 수 있다. 프로이트는 개인의 마음도 닫힌계라고 생각했다. 그래서 에너지 보존 법칙에 따라 에너지 형태가 어떻게 바뀌든 총 에너지의 합은 일정하다고 생각했다. 즉 의식이 무의식을 억압해도 그 에너지는 없어지지 않고 다른 형태로 변해서라도 존재한다고 생각했다. 그래서 사람마다 다른 행동을 하고, 예술과 스포츠 등 다양한 활동이 나온다고 믿었다.

셋째, 열린계open systems는 에너지열과 일, 물질 모두 환경과 교환한다. 예를 들어 바다가 열린계이다. 프로이트는 인간의 사회도 열린계의 특성이 있다고 보았으며, 개인과 사회의 관계를 층위가 다른 역동적인 무의식 이론으로 설명했다.

김나지움 졸업 시험을 앞두고 참석한 낭독회에서 결정적인 시구를 들은 프로이트는 자연과 직접 만나는 방법을 고민하게 되었다. 그결과 의학을 자신의 뜻에 맞는 영역이라고 생각하고 의대 진학을 결정했다. 하지만 프로이트는 그때만 해도 의사가 되어 환자를 치료하려는 의지가 없고, 개인적 지식욕이 더 컸다. 자연이 만든 생명 그 자체의 신비를 탐구하기 위해 의학을 선택한 것이다. 1873년 프로이트는 빈 대학에 의과 대학생으로 등록했지만, 환자 치료에 뜻이 없었으므로 서둘러 의사 자격을 얻으려고 노력하지 않았다. 대신 처음 한두 해 동안 다양한 강의를 듣는 일에 치중했다. 특히 다윈의 학설을 대표했던 카를 크라우스Carl Claus의 동물학 강의에 큰 영향을 받았으며, 이 시기에 트리에스테 연구소 지부에서 뱀장어의 생식 활동을 연구하는 과제로 장학금을 받았다. 생물학 중에서 성생활에 관한 관심은 이때 생겨났다. 그리고 성을 중시하는 프로이트 정신분석학의 기초도 문화에 대한 분석이 아니라, 생물학 공부 중에 터득한 것임을 추리해 볼 수 있다. 이처럼 시간적으로도 뿌리가 깊었기 때문에 프로이트는 수많은 비판에도 성 이론을 수정하거나 포기하지 못한 듯하다.

또한, 프로이트는 학부 시절에 아리스토텔레스 사상을 창의적으로 연구한 프란츠 브렌타노Franz Brentano의 철학 강의도 들었다. 브렌타노는 근대 자연 과학이 인간의 마음을 부속품을 조립한 기계처럼 파악하거나 마음이 단순히 물리적·생리적 현상이라는 자연 과학적 견해를 뛰어넘은 생각을 갖고 있었다. 브렌타노는 철학적 관점에서 인간의 마음을 바라봐야 한다는 정신 이론을 주장했고, 특히 현상의 본질을 파악하는 인간의 의식적 노력에 관심을 기울였다. 브렌타노는 그동안 자연 과학적 지식에만 휩싸여 있던 프로이트에게도 큰 영향을 주었다. 다양한 철학 주제에 관한 인식 문제를 다룬 브렌타노의 강의를 들으며 프로이트는 인간의 의식이 얼마나 자유로운지를 느꼈다. 당시에는 명확하지 않았지만, 프로이트는 정신 작용을 일으키는 생리적 기제가 아닌 다른 기제로 인간의 마음을 설명해야 할 필요성을 느낀 것이다. 즉 '무의식the unconscious' 발견에 중요한 힌트를 얻었다.

여기서 꼭 짚고 넘어가야 할 것이 있다. 무의식은 올바른 번역어가 아니다. 프로이트가 고안한 용어 'unconsciousness'는 의식되지 않은 상태, 즉 '비의식非意識'에 가까운 개념이다. 최근에는 무의식unconsciousness, 혹은 the unconscious로 표기하기도 함을 '비의식'으로 번역하기도 한다.

'the unconscious'는 의식이 '없는無' 것이 아니라 의식이 '아닌非' 것이기 때문에, 엄밀히 말해 무의식이라는 번역이 잘못되었다. 즉 무의식이라는 것은 애초에 없다. 그러나 이 책에서는 독자의 불필요한 혼선을 막기 위해, 좀 더 대중적인 '무의식'이라는 용어를 사용하기로 한다. 다만 올바른 개념 이해를 위해서 무의식을 인간 정신에서 의식이 '아닌' 영역이라고 생각하면서 프로이트에 관한 글을 계속 읽기 바란다.

영민한 연구자

프로이트는 생리학자 에른스트 브뤼케Ernst Bruke를 만나 그의 제자가 되었다. 프로이트가 그의 저서 《꿈의 해석Die Traumdeutung》에서 "나를 바라보는 무시무시한 푸른 눈"을 이야기하는데, 그것은 엄격했던 스승, 브뤼케의 눈이었다. 브뤼케는 당시 위대한 생리학자로 인정받았으며, 유기체를 하나의 기계적 장치로 보는 기계론의 창시자였다. 브뤼케는 '생명 작용이란 하나의 생물과 무생물 사이에 이루어지는 에너지 교환일 뿐'이라는 주장을 펼쳤다. 기계론은 인간과 같은 고등 동물이든 개구리 같은 하등 동물이든 신경계는 모두 같은 세포질로 구성되어 있음에 주목한다. 그래서 각 동물의 마음이 생기는 신경 세포는 같은 메커니즘을 따르기 때문에 본질에서는 다를 것이 없고, 단지 복잡성의 정도만 다르다고 결론을 내린다. 즉 기계론자는 인간과 개구리의 마음이 본질은 같다고 주장한다. 브뤼케의 실험실에 있으면서 프로이트는 생물학적 현상이 물리적 법칙으로 환원될 수 있다는 생각을 하게 되었다. 생기론vitalism

生氣論은 특정한 목적을 가진 신비스러운 힘을 통해 유기체의 생명 활동이 이뤄진다고 설명하는 생물학의 한 학파이다. 프로이트는 종교에 가까운 생기론이 아니라 과학적인 이론과 생리학 실험실에서 배운 여러 방법론을 계속 발전시켜 나중에 자신의 주제인 인간 행동의 원인을 탐구할 수 있는 기본적 시각을 갖추었다. 그리고 프로이트는 의대를 8년만에 졸업했다. 다른 사람보다 2년이나 늦었다. 그것은 그가 의학 공부 대신 관심이 가는 공부에 시간을 아낌없이 투자했기 때문이다. 그리고 이런 그의 열정은 그 후로도 평생 계속되었다.

젊은 프로이트는 브뤼케의 실험실 생활을 즐겼지만, 1882년 브뤼케는 프로이트에게 아버지와 같은 마음으로 충고했다.

"자네가 뛰어난 학자가 될 수 있다는 것에는 의심할 바가 없네. 하지만 학계에서 자리를 잡는 것은 또 다른 이야기야. 원래 자리도 부족한데다가 급료도 형편없지. 게다가 자네는 사회적으로 냉대받는 유대인이라서 출세할 기회도 거의 없다네."

재능 있는 제자에게 학문의 길을 접으라고 말해야 하는 스승의 심정은 정말 아팠을 것이다. 그리고 그 말을 듣고 수긍해야 하는 제자, 프로이트의 마음도 매우 아팠을 것이다. 하지만 다른 방법이 없었다. 아버지는 파산한 지 오래였고, 프로이트에게는 동생이 여섯이나 있었다. 뒷바라지를 받지 못하는 처지에서 공부를 계속할 수 없다는 것은 누구보다도 프로이트가 더 잘 알고 있었다. 프로이트는 병원을 열어 돈을 벌기로 했다. 그리고 개업에 앞서 1882년에서 1885년까지 빈 종합

병원에서 임상 수련의 생활을 거쳤다.

그렇게 시간을 보내다가 스물아홉 살이 되던 해인 1885년, 프로이트는 장학금을 받고 19주 동안 파리 유학을 했다. 그러던 중 당시 세계적인 신경학자였던 장 마르탱 샤르코 Jean Martin Charcot 를 만났다. 샤르코는 히스테리 Hysteria에 관해 독창적인 연구를 하고 있었다. 히스테리는 심리적 기능의 이상으로 경련 마비, 시각 장애, 청각 장애 등의 신체적 증상이 나타나는 신경증을 뜻한다. 우리가 일상적으로 쓰는 '히스테리를 부린다'는 말은 이성을 잃고 마구 화내는 상황을 뜻하는 경우가 많지만 정신분석학에서 말하는 히스테리는 닫힌 공간에 가면 느끼는 폐소 공포증처럼 신경증적 불안 증상을 말한다. 특정 상황에 노출되면 마비 같은 신체적 장애가 생기기도 한다.

근대 이전에 히스테리 증세가 있는 여자는 마녀로 간주하여 박해하던 때도 있었다. 하지만 샤르코는 히스테리를 악마의 장난이나 여성의 생식 기관의 문제에서 나오는 질병이 아니라 일종의 신경증으로 생각했다. 그리고 히스테리가 남성한테도 일어남을 지적하며 기존 이론의 오류를 밝혀냈다. 샤르코는 히스테리와 최면 상태가 아주 비슷하다는 점에 주목했다. 최면으로 암시를 주면 마비 같은 히스테리 증상을 유발할 수 있었다. 샤르코와 함께 히스테리를 연구하던 프로이트는 기계론에 바탕을 두어 히스테리의 원인을 생각했다. 프로이트는 샤르코가 신경증 환자에게 최면을 걸어 암시로 다양한 신체적 증상이 나타나도록 하는 것을 보았다. 암시는 기계의 스위치를 누르는 것과 같고, 눈에 보이지 않는 마음의 작용을 거친 후 신체 증상이 나타날 것이라고 프로이트는 생각했다. 만약 그것이 맞는다면 눈에 보이지 않는다고 해서 무시해서는 안 되는 것이었다. 나중에 프로이트가 만든 정신분석학도 관찰할 수 없는 무의식이 관찰 가능한 행동을 만든다고 주장했다. 이렇듯 샤르코 실험실에서 본 최면 시술은 프로이트가 무의식의 존재를 발견하는 데 큰 전환점이 되었다. 최면 요법을 통해 마음이 육체를 지배할 수 있다는 것을 눈으로 확인한 프로이트는 곧 이 세계에 빠져들었다.

당시 빈에도 최면 요법을 실험적으로 사용하는 사람이 있었다. 프로이트의 친구인 요제프 브로이어 Josef Breuer였다. 프로이트보다 열네 살 많은 그는 마음씨 좋고 유능한 내과 의사였다. 그는 프로이트에게 매우 흥미로운 히스테리 환자의 사례를 소개했다. 바로 '안나 오의 사례 Anna O Case'였다.

안나 오는 빈의 중산층 가정 출신으로 예쁘고 지적인 스물한 살의 처녀였다. 그러나 매우 엄격한 가정 환경 때문에 그녀에게는 생활의 자유가 거의 없었다. 그러던 어느 날, 그녀의 아버지가 중병으로 자리에 누웠다. 안나 오는 몇 개월간 밤낮없이 헌신적으로 간호하다 병을 얻었다. 그녀에게서 원인을 알 수 없는 희한한 증세가 나타났다.

처음에는 두통, 무감각, 일시적 마비 정도였는데, 일 년이 지난 다음에는 환각 속에서 뱀과 해골을 보기 시작했고, 시간이 지날수록 점점 모국어인 독일어를 사용하지 못하게 되었다. 그런데 그녀는 신기하게도 모국어가 아니라 성장 후에 공부해서 알게 된 영어를 독일어 대신

유창하게 구사했다. 치료 중에는 가끔 프랑스 어로 말하기도 했다. 그럼에도 독일어만은 쓰지 않았다. 독특한 실어증으로 안나 오는 무척 괴로웠다. 게다가 오른팔 마비 증세도 있었다.

안나 오는 전형적인 히스테리 환자가 아니었다. 브로이어는 최면 요법을 사용했다. 그러자 안나 오는 몽롱한 의식 상태에서 떠오르는 것들을 되는 대로 털어놓기 시작했다.

"떠오르는 대로 얘기해 보세요."

그녀는 영어로 말했다.

"밤새 아버지의 병상을 지키고 있었어요. 그런데 갑자기 검은 뱀이 나타났어요. 팔을 움직이려 했는데, 그럴 수가 없었어요. 오른손을 보니 모두 뱀으로 변해 있어요. 끔찍해요. 아버지를 도울 힘이 없어요. 기도라도 하려는데 생각이 나지 않았어요. 때마침 어릴 때 배운 영어 기도문만 떠올라 그걸 외웠어요. 조금 안정이 되었죠. 깨어 보니 꿈이었어요."

"영어로만 말하게 된 것은 그 꿈 때문이군요. 또한 오른팔이 마비되는 증세와도 관련이 있는 것 같습니다."

브로이어의 말에 안나 오는 이번엔 독일어로 외쳤다.

"맞아요. 그거에요. 그러고 보니 뱀과 비슷하게 생긴 것만 보면 오른쪽 팔이 안 움직인 것 같아요."

흐릿하던 과거의 기억이 의사와 대화하면서 또렷하게 되살아났다. 또한, 이야기를 털어놓은 것만으로도 독일어를 까먹고 말하지 못하는 증세가 나아졌다. 스스로 단서를 찾자 안나 오는 치유되기 시작했

Sigmund
Freud

다. 이런 식으로 증상이 어떻게 시작했는지 하나씩 떠올리면서 모든 증상을 없앴다. 지루한 과정이었지만 효과는 있었다. 안나 오는 대화하며 치료한 과정을 대화치료법talking cure이라고 불렀다. 여기서 안나 오가 직접 이 치료법의 이름을 지은 것에 주목할 필요가 있다. 이것은 나중에 프로이트가 창립한 정신분석학에서 환자 스스로 문제를 해결할 수 있도록 의사가 격려하는 치료의 바탕이 되었다.

사실 안나 오의 병의 근본적 원인은 아버지에 대한 죄책감에 있었다. 안나 오는 젊고 재능이 많았으나, 병간호 때문에 아무것도 할 수 없었다. 육체적으로도 힘들었다. 그러나 효심이 깊고 조숙한 그녀는 불만을 표시하거나 투정을 부릴 수 없었다. 그럴수록 아버지를 향한 증오심은 무의식 안에서 깊어졌다. 꿈속에서의 뱀은 아버지를 해치고 싶은 안나 오의 소망을 상징한다. 이는 그녀에게 죄책감을 일으켰고, 결국 정신적인 질환으로 발전하게 되어 여러 증상이 나타난 것이다. 프로이트는 안나 오의 사례를 듣고 히스테리에 흥미를 느꼈다.

프로이트는 1895년, 브로이어를 설득하여 《히스테리 연구Studien über Hysterie》를 공동 집필했다. 프로이트는 이때 중요한 전환점을 마련했다. 프로이트 이전까지 히스테리 같은 정신병은 뇌 기관이 잘못된 탓에 생기는 신체적인 병의 일종으로 여겼다. 정상인은 뇌에 이상이 없는 사람이고, 비정상인은 뇌에 이상이 있는 사람이라고 단순하게 분류했다. 그러나 프로이트는 이 관념에 과감히 도전장을 내밀었다. 동료였던 브로이어와의 첫 번째 연구부터 그는 히스테리가 뇌의 이상으로 생긴 병이 아니라고 주장했다. 당시 정신병으로 분류되었던 히스테리가 신체적 질병이 아닌 정신적 현상이라는 것이었다. 자신이 신체를 다루던 의사임에도 정신병이라 일컬어지던 여러 증상에서 신체적인 이유가 아닌 정신적인 역동을 찾아낸 것은 중요한 전환점이었다.

모든 일에 헌신적인 사람

서른 살이던 1886년 봄, 프로이트는 약혼녀 마르타 베르나이스Martha Bernays와 결혼했다. 프로이트는 4년 동안 연애하면서 약 900통의 연애편지를 보냈다. 프로이트를 섹스 해방론자쯤으로 생각하는 사람이 많은데, 역설적이게도 그는 평생 부인만을 사랑했다. 병원을 개업한 이유도 부인을 사랑하기 때문이었다. 베르나이스는 유복한 집안의 딸이었다. 그런데 스물여섯 살 가난한 프로이트를 만난 지 두 달 만에 약혼한 것이다. 거침없는 사랑이었지만, 경제력의 차이가 결혼의 걸림돌이 되었다. 프로이트가 사랑하는 연인과 결혼하려면 당장의 지식욕이나 학문적 명예욕을 버리고 병원을 개업할 수밖에 없었다.

1886년 결혼 후, 프로이트는 빈에서 신경 질환 상담자로서 개인 병원을 열었다. 당시의 정신과란 수용소 수준이었고, 증세가 심한 환자뿐이었다. 프로이트는 최면술을 이용했고, 흥미로운 환자를 많이 보았다. 특히 그는 당시 상류층 부인과 자녀에게 종종 발생했던 히스테리를 연구하는 데 재미를 느꼈다. 당시 히스테리 환자들은 증상이 매우 괴상망측해 젊은 의사들이 가장 꺼리는 환자였다.

프로이트는 히스테리의 원인이 잊힌 정신적 외상에 있다고 생각했다. 그래서 마음속 어딘가에 숨겨진 상처의 기억을 말해 버리면 치료가 된다고 여겼다. 그는 치료에 자유 연상법 free association technique 을 사용했다. 이는 편안한 소파에 누워 생각나는 모든 것을 자유롭게 이야기하는 치료 방법이었다. 자유 연상법 덕분에 잠재의식의 상처를 드러내고 치료할 수 있게 되었다. 그런데 히스테리 환자들이 간직한 정신적 외상은 대부분 성적인 흥분과 관계된 것이었다. 이즈음 프로이트는 히스테리의 원인이 성욕에 있다고 확신했다. 이처럼 프로이트가 성욕을 자신의 이론 중심에 놓게 된 데에는 여러 번 사고를 확장하고 다양한 경험이 바탕이 되었다. 그냥 프로이트의 직관으로 충격적인 가설을 내놓은 것이 아니었다.

1896년, 마흔의 프로이트에게 큰 사건이 생겼다. 바로 아버지의 죽음이다. 오이디푸스 콤플렉스에 따르면 어머니를 사이에 둔 정적이 사라진 것이지만 프로이트는 심리적으로 심각한 상처를 받았다. 그만큼 프로이트는 아버지에게 헌신적이었다. 그런데 프로이트가 헌신적인 것은 아내와 아버지 말고 또 있었다. 바로 새로운 것을 향한 지적 호기심이었다. 프로이트는 정신적 위기를 맞아 자신을 환자로 생각하고 스스로 분석했다. 그리고 그 내용을 바탕으로 《꿈의 해석》을 집필했다.

그러나 원고를 한 줄 한 줄 써 내려가는 것이 고문이었다. 프로이트의 삶은 뿌리째 흔들렸다. 아버지에 대한 사랑과 적개심이 복잡하게 얽혀 고통스러운 감정에 휩싸이느라 기운이 다 빠졌기 때문이다. 아버지에 대한 모순된 감정이 장례를 치르고 난 뒤, 밤에 꿈으로 드러났다. 프로이트는 고통스러운 분석 끝에 무의식으로 들어가는 입구를 드디어 찾았다. 그리고 다른 사람에게 그 지름길을 적극 알리기 시작했다. 이렇게 인간 마음의 비밀에 대한 새로운 학문이 시작된 것이다. 프로이트는 자신의 새로운 연구에 '정신분석Psychoanalysis'이라는 이름을 붙였다. 프로이트는 겸손한 자세로 이름에 학문을 뜻하는 '-logy'라는 말을 일부러 쓰지 않았다. 하지만 지성인이 정신분석을 하나의 기법이 아니라, 이론적 체계를 갖춘 학문으로 평가하면서 '정신분석학'이라는 개념으로 더 많이 사용하게 되었다.

프로이트는 꿈을 분석하면서 자기분석self-analysis을 본격적으로 했다. 그는 자신의 꿈과 유년기 경험을 분석해 더 많은 정신 활동의 비밀을 알게 되었다. 또한, 예술과 문학 작품도 분석하여 풍부한 직관을 얻었다. 프로이트는 1901년《일상생활의 정신 병리학Zur Psychopathologie des Alltagslebens》이라는 논문에서 신경증 환자뿐만 아니라 일반인도 무의식의 욕구에 영향을 받는다는 것을 보여 주었다. 대표적인 것이 말실수slip of the tongue이다. 일상생활에서 사람들은 종종 자기도 모르게 헛소리가 튀어나오는 경험을 한다. 하지만 그것은 실수가 아니라 무의식의 욕망이 겉으로 드러난 것이라고 프로이트는 말했다.

프로이트 이전까지 인간의 정신세계를 본격적으로 연구한 학자는 거의 없었다. 고대 그리스에 영혼에 대한 개념이 있기는 했다. 호메로스Homeros가《일리아스Ilias》에 영혼psyche을 언급했는데, '생명이나 숨

38

과 같은 것으로서 죽은 다음에 밖으로 나오는 것'이라고 묘사되어 있다. 피타고라스는 이와 다르게 영혼은 '죽음 다음에 남는 것'이라고 표현했다. 그러나 마음에 대해서는 연구라기보다는 철학자들이 직관으로 설명한 것이 전부였다. 신학을 강조했던 중세에도 인간의 마음에 관한 관심은 거의 없었다. 그러나 근대에 오면서 마음에 대한 지적 흐름에도 큰 변화가 생겼다. 철학자이자 수학자였던 르네 데카르트 Rene Decarte는 "나는 생각한다. 고로 나는 존재한다"는 유명한 명제로 대변되는 이성에 대한 믿음을 전파했다. 합리주의의 시대가 열린 것이다. 그러나 근대 역시 과학적인 연구보다는 이성과 합리성이라는 추상적인 개념만이 있었을 뿐이다. 그리고 근대에 나타난 인문학과 자연 과학 모두 이성과 합리성을 중시했다. 이른바 계몽주의와 합리주의의 시대였다. 그런데 사람이 가진 이성을 더욱 빛나게 하기 위한 지식 전파에 힘쓴 계몽주의가 널리 퍼지고, 인간이 합리적이라는 것을 추호도 의심하지 않던 시대에 프로이트는 겁 없이 이렇게 말했다.

"인간의 정신에 명료하고 또렷한 이성만 있는 것이 아니다.
자기의 마음이면서도 스스로 알아채지 못하는 미지의 영역이 있다.
이것이 바로 무의식이다."

이와 같은 프로이트의 발견은 당시 인간의 객관적이고 명철한 이성만을 중시하던 계몽주의와 합리주의의 기반을 뿌리부터 뒤흔드는 혁명이었다. 이렇게 당찬 주장을 한 데에도 아버지의 죽음 이후 집중한 꿈 분석이 큰 역할을 했다.

프로이트는 인간의 심리를 이해하는데 '꿈 분석'이 매우 유용하다는 것을 알게 되었다. 프로이트는 "꿈은 '무의식으로 가는 지름길 royal road to the unconscious'"이라고까지 했다. 이성 이외의 마음에 대한 프로이트의 혁명적 생각은 1900년 기념비적인 저서 《꿈의 해석》에 촘촘히 수록되어 있다. 그러나 대중적인 인기는 끌지 못했다. 프로이트는 거의 10년 동안 홀로 벌판에서 자신의 생각을 외치는 것 같은 소외감을 느꼈다. 그러면서도 이 시기에 중요한 저서를 발간하는 작업을 게을리하지 않았으니, 지식에 대한 헌신이 대단한 인물이었음을 짐작할 수 있다. 《성욕에 관한 세 편의 에세이 Drei Abhandlungen zur Sexualtheorie》도 이 시기에 썼다. 이 책에서 프로이트는 유아기 성욕 infantile sexuality을 이론적으로 확정했다. 즉 아기도 성욕을 가지고 있다는 것이다. 당시에 이는 매우 부도덕한 주장이라고 폭발적인 비난을 받았다. 프로이트는 정신분석학을 창시하기 전이나 후나 가까운 곳으로부터 지원을 거의 받지 못했다. 의사 협회의 외면과 비난에 계속 시달려야 했으며, 유대 인으로서 사회적 냉대를 참아내야 했다. 그러나 1906년경 스위스 정신의학자들이 프로이트의 견해에 동조하면서 상황은 조금씩 바뀌었다. 그때부터 본격적으로 정신분석학이 확산되었다. 1909년에는 유럽이 아닌 미국에서도 프로이트와 융을 초청해 여러 차례의 강연회를 열어 줄 정도가 되었다.

1919년 제1차 세계 대전이 끝날 때쯤 프로이트의 둘째 딸 소피가 폐렴으로 사망했다. 아이들이 아프면 모든 일을 접고 매달릴 정도로 헌신적인 아버지였던 프로이트에게 큰 충격이 아닐 수 없었다. 그리고 전쟁과 나치즘의 참상, 사랑하는 이의 죽음은 문명과 인간 본성에 대한 절망감으로 이어졌다. 프로이트는 이때부터 성욕뿐만이 아니라, '인간이 왜 공격적이고 자기 파멸적으로 되는가'에 관심을 두었다. 아인슈타인이 프로이트에게 직접 "왜 인간은 공격적인 행동을 하는가?"라는 질문을 했는데, 그에 대한 답을 하는 과정에서 생각을 더 정리하게 되었다.

　　다음 해인 1920년 프로이트는 《쾌락 원칙을 넘어서Jenseits des Lustprinzips》에서 '죽음의 본능'을 소개했다. 인간에게는 '살고 싶다'는 본능인 에로스Eros만 있는 것이 아니라 죽어서 본래의 상태인 무無와 열반nirvana 평화의 상태로 돌아가려는 본능인 타나토스Thanatos도 있다고 프로이트는 생각했다. 그리고 그 타나토스가 좌절되었을 때 공격성이 나온다고 생각했다. 이런 생각은 성과 생물학을 중시했던 프로이트로서는 상당한 탈선이었다. 그는 생물학이 아닌 사회학적 관점에서, 성이 아닌 다른 요소를 더 많이 이야기하게 되었다.

　　1930년 《문명 속의 불만Das Unbehagen in der Kultur》을 쓰면서 프로이트는 에로스가 지닌 가학성은 억압되어 출구를 찾지 못하면 곧 파괴 본능으로 바뀐다는 생각을 정리했다. 그리고 그 당시 유럽을 휩쓸던 나치즘의 광기를 보면서 집단 히스테리가 역사의 큰 비극을 만들지도 모른다고 우려하는 등, 그의 이론 적용 범위를 개인을 넘어서 사회와 문명, 역사 등으로 확장했다.

한편, 논문 〈자아와 이드The Ego and the Id〉, 〈억제, 증세와 불안Meine Ansichten über die Rolle der Sexualität in der Atiologie der Neurosen〉에서 프로이트는 인간 정신 현상을 체계화했다. 그는 인간의 정신을 자아ego, 초자아superego, 이드id, 세 개의 층으로 나누어 설명했다. 이것은 이후 정신분석학의 근간이 되었다.

프로이트의 이론이 개인적 수준을 넘어서 한참 사회와 역사를 설명하며 범위를 넓힐 무렵, 프로이트가 더는 집중할 수 없는 큰 사건이 벌어졌다. 1938년 히틀러의 나치 군대가 오스트리아를 침공한 것이다. 유대 인인 프로이트는 어쩔 수 없이 가족과 함께 빈을 떠나 영국으로 가야 했다. 당시 프로이트의 나이 여든둘이었다. 아내는 프로이트가 아끼던 소장품을 빠짐없이 챙겼다. 빈에 있을 때와 집을 똑같이 꾸며 프로이트를 위로하기 위해서였다. 그러나 그런 집안을 둘러보며 프로이트는 "모든 것이 여기 있는데 나만 여기 없네."라고 쓸쓸히 말했다고 한다.

프로이트는 여든셋이 될 때까지 구강암으로 16년간 투병하는 와중에도 정열적으로 자신의 이론을 다듬어 나갔다. 하지만 신체적 고통을 참지 못할 지경에 이르자, 프로이트는 모르핀을 통해 안락사하기로 결정했다. 프로이트는 자신의 주치의에게 이렇게 말했다.

"당신은 우리가 처음 나눈 대화를 기억하시지요? 당신은 가능한 한 나를 버리지 않겠다고 약속했습니다. 지금도 여전히 내게는 고통만이 있을 뿐이며 그 약속은 이제 의미가 없습니다."

한숨을 내 쉰 뒤 프로이트는 이렇게 덧붙였다.

"고맙습니다……. 내 딸 안나에게 말해 주십시오."

주치의는 이때 프로이트가 감정적으로 치우치거나 자기 연민 없이 담담하게 현실을 받아들이면서 최후를 맞았다고 전했다. 자기 조절 습관이 몸에 밴 이성주의자로서의 프로이트의 면모를 볼 수 있는 대목이다.

기존 과학의 틀을 넘어선 그의 지적 모험과 학문에 대한 열정은 그렇게 끝이 났다. 프로이트가 안락사를 결정할 당시 읽던 책은 오노레 드 발자크Honoré de Balzac의 《나귀 가죽La Peau de Chagrin》으로, 한 남자와 악마의 계약에 대한 소설이다. 남자가 '성공'과 욕망을 이룰 때마다 수명이 단축되는 '죽음의 가죽'을 교환하는 내용이다. 프로이트는 정신분석가답게 마지막 순간까지 욕망에 관한 이야기에 마음이 끌린 것이다. 자신의 지적 호기심을 충족하는 데 헌신적인 사람이었지만, 무책임하다는 비난을 받아 마땅한 이론을 내놓았다는 평가 속에서 이승을 떠나야 했다.

사실 프로이트만큼 지독한 고통 속에서 산 사람도 드물다. 마흔이 될 때까지 그는 학계에서 성욕에 사로잡힌 '이단자' 취급을 받았다. 브로이어, 융, 아들러 등 수많은 동료가 프로이트를 등지고 떠나갔다. 둘째 딸은 폐렴으로, 외손자는 결핵으로 그보다 앞서 죽었다. 일흔일곱이던 1933년에는 히틀러가 그의 저서를 불태운 사건이 있었고, 여동생들이 가스실에서 처형되었다. 또 구강암 때문에 30여 차례나 수술받았다. 그렇지만 프로이트는 오히려 자신의 고통을 철저히 분석하고 극복하여 연구의 폭과 깊이를 더했다. 덕분에 프로이트의 죽음 이후, 그가 개척한 정신분석 이론은 백여 년이 넘는 시간 동안 여러 학자들에 의해 진지하게 수정되고 발전되었다. 또한, 이들은 20세기 담론의 선두에 서서 학문과 예술 영역을 이끌어 왔다. 이는 프로이트의 지칠 줄 모르는 학문적 열정의 찬란한 결과물이라 하겠다. 덕분에 21세기인 오늘날에도 우리는 어디에서나 친숙하게 프로이트와 마주치고 있지 않은가.

프로이트는 19세기에 태어났다. 19세기는 근대가 절정으로
치닫고 있던 시기였다. 근대의 특징은 이성을 강조한 정신문화의 변화,
산업 혁명으로 대표되는 생활문화의 변화, 과학 혁명으로 표현되는
학문 풍토의 변화로 요약할 수 있다.

프로이트가 활약한 유럽의 근대는 중세에 대한 반발에서 시작했다.
신을 모든 것의 중심으로 놓던 중세와 다르게 인간을 중심으로
생각하게 되었다. 이렇게 된 배경에는 중세의 종교적으로 엄격한
생활문화에 지친 일반인과 오로지 신학을 모든 학문의 중심으로 놓고
다른 학문의 발전을 감독하는 것에 염증을 느낀 학자와 지식인의
심리적 변화가 크게 작용했다. 그들은 중세적이라면 일단 거부하기
시작했다. 그리고 그들이 생각의 중심으로 기존의 신을 대신하기 위해
새롭게 찾은 것이 바로 인간의 이성理性이었다. 이성은 보편적인 법칙을
꿰뚫어 볼 수 있고, 객관적이며, 항상 올바른 결론에 이르게 하는
길이었다. 즉 절대적 진리를 찾을 수 있는 수단이었다. 그런 이성을
중심으로 한다면 굳이 신을 생각하지 않아도, 올바른 길로 갈 수 있을
것으로 생각했다. 그리고 그런 이성주의는 사회를 바꾸었다.
이성과 맞아떨어진다는 뜻으로 이른바 '합리合理'를 중시하게 된 것이다.

개인적 생활이나 사회적 시스템 운용에서 합리를 중시하다 보니
효율성에도 관심을 두게 되었다. 그런 생각은 경제도 변화시켰다.
중세 때처럼 혼자서 모든 것을 다 생산하려면 장인匠人이 되어야 했다.
장인이 되려면 관련 기술을 배우고 익혀 실행하는데 시간이
오래 걸렸다.

하지만 같은 일도 여러 사람이 쉽게 할 수 있도록 일을 잘게 나누면
시간이 오래 걸리지 않으면서도 더 많은 물건을 만들어 낼 수 있음을
생각하게 되었다. 분업화를 바탕으로 공장이 생기고, 공장에서는
이제껏 없던 물건을 이제껏 없던 방식으로 생산하기 시작했다.
사람들은 공장이 있는 도시로 몰려들었다. 산업 혁명은 이렇듯 세상을

바꾸었다. 환경오염과 인간을 한낱 기계의 부속품으로 보는 문제점이
있기는 했지만, 화려한 도시와 새로운 물건에 마음을 빼앗긴 사람들은
언젠가 이성을 통해 '합리적이고 효율적인 문제 해결책'을 내놓아
충분히 행복한 세상을 만들 수 있다고 생각했다.

　그 정도로 이성이 지상 천국을 만들어 줄 것이라는 희망이 대단했다.

　한편 이성 중심적 사고는 신학이 억누르고 있던 다양한 분야를
일깨우는 역할을 했다. 그중에서 새로운 물건을 만들어 내는 데에
기술적으로 필요한 과학이 가장 비약적으로 발전했다. 단지 기술만이
아니라, 과학을 보는 눈도 바뀌었다. 과학은 종교가 아니었다.
보편적 법칙을 발견하고 실험하는 분야였다. 즉 이성적 사고 과정을
실행할 수 있는 가장 좋은 길이었다. 철학자들까지 과학적 탐구
과정을 즐겼다. 그래서 데카르트, 칸트, 뉴턴 등의 근대 철학자들은
곧 과학자이기도 했다. 심지어 문학가였던 괴테까지 식물 성장에 관한
과학 저서와 색채론 등을 내놓을 정도로 세상을 보는 틀로서 과학적
사고를 중시했을 정도였다. 프로이트 역시 어린 시절과 청소년기에
자연스럽게 여러 과학 학문을 접했다. 그 정도로 과학이 중시되었다.

　그런데 이런 이성 중심의 세상에서 교육받고 재능을 키운
프로이트는 이성만을 강조하지 않았다. 자신이 경험한 당시 시대상과
전혀 다른 흐름을 만들어 내려고 했다.

　괴테가 모차르트의 천재성을 높게 평가하며 했던 말은 어쩌면
프로이트에 해당하는 말일 수 있다.

　"천재란 시대를 초월하는 것을 창조하는 사람이다. 어떻게 시대를
초월하는가 하면, 천재의 작품에는 측정할 수 없는 깊이가 있어서
시대와 함께 더욱 성장해 간다."

　프로이트는 당시 이성 중심 사고의 시대적 가치를 가장 충실하게
공부한 젊은이 중 하나였다. 또한, 근대에 발전하기 시작한 도시에서
교육을 받았고 생활했다. 그렇게 당시 시대적 분위기에 크게 영향을

받았음에도 새로운 시대를 창조하려고 한 것이야말로 괴테가 말한 천재의 모습 그 자체가 아닐까? 오히려 당시 지식 사회의 최첨단까지 열심히 노력해서 도달했기 때문에 새로운 시대를 더 목말라했던 것은 아닐까? 마치 신에 대한 맹목적 숭배가 절정에 다다른 중세 이후에 사람들이 종교에서 급격히 멀어진 것처럼, 이성에 대한 숭배가 만들 위험을 예측해서 그 이후의 정신적 가치를 미리 준비하려던 것은 아닐까? 이 질문에 대한 답은 이 책을 통해서 독자 여러분이 스스로 찾기를 부탁한다.

힌트. 대부분의 위인은 힘든 일이 생기면 '그러니까~' 식으로 피하지 않고 '그럼에도 불구하고~' 식으로 생각하며 일부러 다른 대안을 만드는 것에 더 익숙한 사람들이다. 가난하니까 좌절하는 것이 아니라 가난에도 불구하고 꿈을 키워 나가는 링컨처럼 말이다. 당시 시대상에 영향을 받아 그 시대에서 인정받는 엘리트가 되는 것은 '그러니까~'에 해당한다. 시대를 초월하는 사람이 되려면 '그럼에도 불구하고~'로 생각해야 한다. 즉 프로이트를 이해하려면 당시 시대상만이 아니라, 그런 시대였음에도 불구하고 프로이트가 일부러 찾은 것들을 이해해야만 한다.

영국에서 시작된 산업 혁명은 유럽 전지역으로 퍼졌다. 그림은 1905년 프랑스 리에에서 개최된 국제 박람회 공식 포스터이다.

02

정신분석학
기본 3종 세트

정신분석학은 모순된 학문이다.

인과론에 바탕을 두었지만, 인과 관계를 명확히
밝힐 수 있는 과학적인 실험을 바탕으로 하지는 않는다.
정신분석학의 기본은 '실험'이 아니라 '대화'이다.
일부에서는 그 과정이 마치 신부가 신자와 대화를
나누는 것과 비슷하다고 해서 일종의 종교 행위라고
비판했다. 어떤 사람은 프로이트가 사람들을 세뇌시켜
사이비 교주처럼 사기 친다고 욕하기도 했다.
그러나 프로이트가 만든 정신분석학은 사이비 종교가
아니다. 정신분석학에는 종교의 교리처럼 확고한 믿음이
없다. 이는 정신분석학의 창시자 프로이트 자신도
죽을 때까지 자기 이론의 부족한 점을 스스로 지적하며
수정한 것만 봐도 알 수 있다. 그렇다면 프로이트가
삶의 마지막 숨을 몰아쉴 때까지 열정을 바치며 매만졌던
정신분석학 이론의 핵심은 무엇일까?
이제 정신분석학의 핵심 요소 3종 세트를 알아보자.

프로이트가 만든 3종 세트의 첫 작품은 의식 수준의 3층 구조이다. 3층 구조가 무엇인지 직접 확인하기 위해 다음에 제시한 글을 읽어 보자.

13인의아해가도로를질주하오
(길은막다른골목이적당하오)

제1의아해가무섭다고그리오
제2의아해도무섭다고그리오
제3의아해도무섭다고그리오
제4의아해도무섭다고그리오
제5의아해도무섭다고그리오
제6의아해도무섭다고그리오
제7의아해도무섭다고그리오
제8의아해도무섭다고그리오
제9의아해도무섭다고그리오
제10의아해도무섭다고그리오
제11의아해도무섭다고그리오
제12의아해도무섭다고그리오
제13의아해도무섭다고그리오

13인의아해는무서운아해와무서워하는아해와그렇게뿐이모였소
(다른사정은없는것이차라리나았소)

그중에1인의아해가무서운아해라도좋소
그중에2인의아해가무서운아해라도좋소
그중에2인의아해가무서워하는아해라도좋소
그중에1인의아해가무서워하는아해라도좋소

(길은뚫린골목이라도적당하오)
13인의아해가도로를질주하지아니하여도좋소

이상李箱, 오감도 시 제1호

우리에게 친숙한 시인 이상. 그리고 시인만큼이나 유명한 작품
〈오감도〉. 이 시를 보자마자 정말 명작이라는 생각이 드는가? 솔직히
이 시를 21세기의 어느 시인이 지었다면 찬사를 보낼 사람보다 혹평할
사람이 더 많을 수도 있다. 왜냐하면, 시라면 으레 있어야 할 것 같은 아
름다운 시어나 비유를 찾아보고 싶어도 볼 수 없는 '시 같지 않은 시'이
기 때문이다. 그런데도 이 괴상한 글은 오늘날까지도 작품성을 인정받
아 당당하게 명작 대열에 올랐다.

그 이유는 무엇일까? 이상이 살던 시기를 생각해 보자. 이상은

1910년에 태어나 1937년 요절했다. 프로이트의 정신분석학이 꽃피우던 시기와 겹치는 때를 살았다. 이상은 비록 철학자는 아니었지만, 〈오감도〉라는 시에 인간의 이성이나 감성이 아닌 무의식을 담았다. 이상은 이 시를 쓸 때 어떤 의식적인 의도 없이 마음 가는 대로 혹은 붓이 가는 대로 썼다. 이것을 문학적으로는 '의식의 흐름' 기법이라고 한다. 그런데 시를 보면 기본적 띄어쓰기조차 안 되어 있다. 왜냐하면, 맞춤법에 맞춰 띄어쓰기한다는 것 자체가 의식이 작동하는 것을 나타내기 때문이다. 그래서 이상은 마치 꿈을 꾸다가 잠꼬대를 하는 것처럼 아무 억압이 없는 상태로 시를 썼다. 즉 무의식을 표현했다.

이상과 같은 천재만 무의식의 세계를 가진 것은 아니다. 일반인도 무의식 세계가 있다. 인간은 거의 온종일 생각에 빠져 있다. 밥을 먹거나 TV를 보거나 친구들과 이야기하면서 자신은 한 가지 일에 몰두한다고 생각한다. 하지만 사실은 그렇지 않다. 우리는 '학교 폭력 문제'에 대해서 고민하다가도 뜬금없이 '유명 연예인의 스캔들'을 떠올린다. '요즘 재미있는 게 하나 없어. 그런데 밥은 무엇을 먹지? 아, 오늘 학원에서 가져온 과자가 있지. 그런데 이 포장은 너무 번쩍이네. 엄마 원피스 같아. 이상해. 어라, 뻘건 립스틱으로 쓴 것 같은 글씨도 있네. 나는 글씨를 못 써서 지렁이가 기어가는 것 같아. 지렁이? 아 생각만 해도 밥맛 떨어져.' 이렇게 우리가 하는 생각을 그림이나 글로 써 보면 이상의 시 〈오감도〉보다 더 괴상하고 무질서하다. 그래서 일상 대화 중에 우리는 아주 솔직하게 "나도 모르게 그랬어"나 "무의식 중에 튀어나온

Sigmund
Freud

말이야."라고 말하는 것이다.

　프로이트는 생각의 미묘함을 두고, "생각이란 그 근원을 알 수 없는 곳에서 갑자기 튀어나오는 것이다. 우리는 생각의 뒤를 추적할 수도 없다"고 말했다. 그리고 이렇게 밑도 끝도 없게 생각을 만드는 우리의 의식 수준을 세 가지로 구분했다. 프로이트에 의하면 인간의 의식 수준은 의식consciousness, 意識, 전의식preconsciousness, 前意識, 무의식無意識으로 구분된다. 의식은 인간이 감각기관을 통해서 인식할 수 있는 모든 것을 말한다. 우리가 일상적으로 사고를 겪은 사람이 헤롱대다가 회복했을 때 쓰는 '의식을 차리다'는 말에 쓰이는 의식의 의미 그대로이다. 한편 전의식은 대부분 억압되어 있지만, 주의를 집중하면 의식화될 수 있는 정신세계로, 의식과 무의식 사이에 존재한다. 이에 비해 무의식은 감각기관으로는 인식할 수 없는 마음 깊은 곳에 감추어져 있는 정신세계로 본능, 열정, 억압된 관념과 감정 등이 잠재해 있다.

　흔히 암기 과목의 개념을 잘 못 외우면 자신의 머리가 나빠서 그렇다고 생각한다. 그러나 정말 그럴까? 자기가 좋아하는 연예인이나 운동선수의 이력은 줄줄 외우지 않는가? 혹은 좋아하는 선생님이 가르치는 과목은 잘 외우지 않는가? 그저 머리가 나쁜 것이라면 모두 잘 못 외워야 정상이다. 하지만 우리가 의식하지 못하는 사이에 암기할 대상에 대해서 어떤 것은 적극 받아들이고, 어떤 것은 억압한다. 시험 시간에도 마찬가지다. 성적을 일부러 못 받으려고 작정하고 시험 보는 학생은 거의 없다. 그런데 답이 좀처럼 생각나지 않는다. 어떤 때는 문제에서 요구하는 내용보다 그것을 수업 시간에 배울 때 선생님한테 혼났거나 친구들이 그것도 모르느냐며 놀렸던 일이 더 잘 생각난다. 그런데도 정작 답은 기억나지 않는다. 자신이 분명 본 것이라는 생각은 드는데도 의식적으로 떠올릴 수는 없다. 그것은 무의식에 있는 선생님에 대한 감정, 즉 반감反感이 의식적으로 기억해 내는 것을 억제하기 때문이다. 의식이 무의식에 지배를 받기 때문이다.

한편 무의식이 우리를 어디까지 지배할 수 있는지 보여 주는 가장 인상적인 사례가 있다. 1995년 일본의 고베 지진 발생 후에 청각 장애가 생긴 여자 환자가 있었다. 이 환자는 생리학적으로 청각 장애를 일으킬만한 이유가 없었다. 하지만 이웃에 살던 수의사가 빌딩의 돌 더미에 깔려 자신을 향해 살려달라고 외치는 소리를 들은 후에 청력을 잃었다고 말했다. 하버드 의대의 허버트 벤슨 교수는 조사 결과 환자의 마음이 청각 장애를 일으켰다고 분석했다. 여자는 돌 더미에 깔린 수의사를 발견했을 때 처음에 도와주겠다고 소리쳤다. 그런데 상태를 보니 수의사는 어느 정도 괜찮아 보여서, 다른 사람이 먼저 구출되도록 도왔다. 나중에 수의사를 구하러 가려는데 불이 나서 건물이 무너져 버렸다. 여자는 수의사가 큰 소리를 지르며 고통으로 몸부림칠 때 그것을 보고 있을 수밖에 없었다. 여자는 죄책감에 자기 자신을 용서할 수 없었다. 여자의 무의식은 자기 자신이 수의사에게 가지 못한 이유를 만들었다. 즉 청각을 마비시켜 스스로 청각 장애인이 되었다. 이 놀라운 일본 환자 이야기는 〈뉴욕 타임스〉에도 소개되었다.

Sigmund
Freud

프로이트는 무의식 대부분이 본능적, 그중에서 성적이라고 주장했다. 그런데 이 성性의 의미가 남녀의 성행위만을 뜻하는 말은 아니다. 프로이트가 무의식 이론을 펼칠 때 쓰는 성의 개념은 성감대의 쾌락적인 흥분 상태를 뜻하는 말로서, 육체적 본능의 에너지를 의미한다. 그리고 이 개념을 리비도Libido라고 불렀다. 즉 리비도는 일반적으로 사용하는 성적인 것이 주된 내용이기는 하지만, 다른 본능적 에너지를 포괄하는 개념이다. 그리고 인간은 성적 쾌감을 신체의 어느 부분에서도 느낄 수 있으며, 성욕은 성기를 사용한 행위와 관계없는 키스나 애무, 벗은 몸 보여 주기 등의 충동도 포함되어 있음을 잊지 말아야 한다. 나중에 살펴보겠지만, 프로이트는 리비도가 작용해서 쾌감이 주로 발생하는 부위에 따라 구강기, 항문기 등 인간의 성장 단계를 다양하게 나누었다. 그러니 프로이트가 사용한 '성'이라는 단어를 들을 때 넓은 의미의 '쾌락'이 아닌, 단순히 생식 활동이나 성기를 떠올려서는 안 될 것이다. 많은 사람이 프로이트의 이론을 변태적이라고 생각하는 것도 프로이트가 말한 본능적 에너지인 리비도의 개념을 잘못 이해해서 거대한 성기를 연상하기 때문이다.

프로이트는 리비도가 줄어들거나 사라지지 않는다고 말했다. 그러나 쾌락을 추구하는 우리의 본능은 타인과 어울려 살기 위해서 금지되고 억압된다. 성감대를 직접 자극해서 쾌락을 얻으려는 자위는 금기시된다. 자신의 삶을 독립적으로 책임지기 전인 어린 나이에 다른 사람과 성행위를 해서 자식을 낳는, 생식 활동을 하는 것을 금지한다. 대신에 공부나 스포츠 등 다른 일에 몰두하거나 집중하도록 유도한다. 특히 사춘기를 거치며 신체적으로 이미 성숙한 청소년에게 이러한 조치는 본능을 억압하려는 행위로만 느껴진다. 그래서 갈등한다. 그러다 아예 방종하게 성에 탐닉하기도 한다. 아니면 성행위나 자위를 하지 않아도 야한 꿈을 꾸어 몽정하기도 한다. 혹은 학교나 집에서 벌어지는 다른 일에 반항할 수도 있다. 아니면 갑자기 영감을 받아 멋진 작품을 만들 수도 있다. 이렇듯 억압된 본능은 현실에서 전혀 다른 모습으로 실현된다. 프로이트는 나이 든 사람이 자위나 성행위에 빠지기보다는 다른 일에 삶의 가치를 부여해서 사는 것도 리비도에 의한 것이라고 설명했다. 일종의 '에너지 보존 법칙'에 따라 '리비도'는 형태를 달리할망정 그 총량은 변함이 없기 때문이다.

지금까지의 내용을 요약하자면, 우리의 의식 수준은 의식과 무의식, 그 사이에 존재하는 전의식의 3층 구조로 되어 있다. 그리고 모든 생각은 3층 구조의 의식 수준이 충돌하거나 타협하면서 만들어진다. 그러면서 프로이트는 스스로 이 의식의 구조를 물에 둥둥 떠 있는 빙산에 비유했다. 그러나 이것은 자신의 이론과는 모순되는 비유였다. 프로이트는 아주 역동적으로 영향을 주고받는 3층 구조를 주장했지만, 그가 비유한 빙산은 물에 잠긴 부분, 물이 찰랑거리는 부분, 그 위에 있는 눈에 보이는 얼음덩어리 등 각 층위가 명확히 나뉘어 있는 이미지가 너무 강하게 떠오르기 때문이다. 따라서 올바른 이해를 위해서는 다른 비유가 필요하다.

우주로부터 운석이 떨어졌다. 멀리서 보면 그것이 바다에 둥둥 떠 있는 빙산 같아 보인다. 그 빙산 같은 것의 맨 위에 보이는 것이 우리가 깨어 있을 때의 의식과도 같은 것이다. 그런데 그야말로 이것은 빙산의 일각이다. 아래로 갈수록 더 크고 어마어마한 것들이 있는데, 이것들은 고정되어 있지 않다. 아직 그 운석 전체는 뜨거운 불덩이 상태이다. 식지 않고 그 안에서 소용돌이가 일어나기도 하고 유동적으로 서로 밀고 당기는 흐름을 보이며 끊임없이 움직인다. 그래서 조직적이지 않고 충동적이다. 마치 우리 생각의 흐름이 리비도라는 본능적 에너지에 의해 뜬금없이 움직이는 것처럼 말이다.

정신 체계 3종 세트

인간의 마음을 의식 수준의 3층 구조만으로 설명하기는 부족하다. 여기에 또 다른 3종 세트가 필요하다. 그것이 바로 우리의 의식 수준에 작용하는 정신 체계 3요소이다. 프로이트는 우리의 정신 체계가 이드, 자아, 초자아로 구성되어 있어, 3총사처럼 우리의 마음을 움직인다고 보았다.

이드id는 영어 단어의 'it'에 해당하는 단어인 독일어 'es'를 어원으로 하며, 미지의 힘을 나타내는 '그것'을 뜻한다. 이드는 완전한 무의식에 속하며 모든 리비도의 원천이다. 이드는 바라는 것을 모두 누리려는 쾌락 원칙pleasure principle에 의해 움직인다. 여기서 쾌락이란 원래 고통을 피하려 한다는 뜻이지만, 정신분석학에서는 의미를 좀 더 확장해서 자신이 원하는 것을 맘껏 얻고자 하는 것이라는 뜻으로도 쓴다. 그래서 이드는 다른 사람의 욕구보다 자신의 욕구 충족을 우선하다 보니, 공격적인 성향이 더 많은 것으로 자주 묘사된다. 이드는 마치 충동적인 어린아이처럼 참고 기다리지 못한다. 원하는 것을 얻기 위해 막무가내로 울며 떼쓴다. 그래서 정신 체계 3총사 중 이드가 가장 강해지면 인간은 사회 규범이나 주위의 눈치와 상관없이 자신의 목적을 이루기 위해 충동적으로 움직인다. 인간은 자신이 의식하지 못할 뿐, 무한대에 가까운 이드의 힘을 갖고 있다. 그런 이드를 조율하는 것이 바로 초자아와 자아이다.

초자아 superego는 항상 위에서 아래를 내려다보면서 마음이 움직이는 상황을 관리 감독한다. 초자아는 양심을 담은 그릇이자, 무엇이 옳고 그른지 판단하는 나침반이다. 자신의 이상을 표시하는 비전 목록이기도 하다. 초자아는 부모나 사회로부터 도덕적 교육을 받아 형성된다. 그래서 도덕적이지 않으면 인간은 스스로 초자아의 눈에 비추어 죄책감을 느낀다. 자신의 이상과 다른 결과를 얻으면 수치심을 느낀다. 그런데 초자아가 너무 강하면 늘 사회 규범이나 자신의 이상에 맞추려고 긴장감 속에서 생활하게 된다. 반대로 초자아가 너무 약하면 이드의 움직임을 관리하지 못해, 방종한 생활을 하다가 결국 주변 사람의 냉대를 받아 사회적으로 고립될 수도 있다.

자아 ego는 한마디로 말하자면 논리적 중재자이다. 자기의 충동을 만족시키는데 혈안이 된 이드와 외부 현실 세계의 제한 요소를 조율해서 최선의 만족을 얻게 하는 조정 기능을 가지고 있다. 그리고 자아는 현실 원칙^{reality principle}에 따라 움직인다. 선천적인 이드와 대조적으로 자아는 후천적이다. 출생 후에 발달한다. 그리고 쾌락 원칙이 어린아이의 것이라면, 현실 원칙은 세상 물정을 아는 어른의 것이다. 자아의 기본 업무는 '자기 보존'이다. 만약 자아가 이드를 무조건 억압만 한다면 스트레스가 쌓이다가 폭발하고 만다. 그러니 인간은 이드의 압력과 현실의 요구 사이에서 욕구를 미루거나 방어 기제를 사용하여 둘 사이의 긴장을 조절하는 법을 익혀야 한다.

방어 기제 역할 3종 세트

그런데 자아의 방어 기제 역할도 3종 세트이다.

첫째, 이드의 위협을 받은 자아를 보호한다. 만약 친형과 결혼해서 잘 살고 있는 형수를 사랑하고 싶은 본능적 욕구가 치밀어 올라와도 '이것은 윤리에 어긋나는 일이야.'라며 생각을 고쳐먹는 경우가 이에 해당한다. 둘째, 양심의 가책 즉, 초자아의 위협으로부터 자아를 보호한다. 이상은 높은데 주변 사람과 비교했을 때 계속 뒤처지는 것 같아 우울해지기 전에 '그래도 나는 전력을 기울였어.'라며 자신을 다독이는 것이 두 번째 기능에 해당한다. 혹은 자신의 이상과 현실 사이의 타협점을 적극 찾을 수도 있다. 아주 어릴 적 꿈이 대통령이었다면 나이가 들면서는 자신이 속한 조직이나 모임의 지도자가 되어 인정받는 것으로 타협할 수도 있다. 셋째, 자아 방어 기제는 생명이 오가는 실제적인 위험으로부터 자아를 보호한다. 실연 당했다고 자신을 무가치한 사람이라고 여겨 자살하는 등의 극단적 선택을 하기 전에 자신의 사정과 비슷한 노래 가사를 들으며 '나만 이러는 것이 아니야.' 하고 위로받거나 '세상에 나를 사랑해 줄 사람은 그 사람만이 아니야. 분명히 또 있을 거야.'라며 고통스러운 감정을 의식 세계에서 몰아내기도 한다. 자아의 힘이 강하다는 것은 이렇듯 타협을 잘하며 무의식의 무차별 공격을 버틸 수 있다는 뜻이다.

방어 기제에는 성숙한 방어 기제가 있고, 미성숙한 방어 기제가 있다. 성숙한 방어 기제를 가진 사람은 자아의 힘이 강해서 힘든 상황이나 당황스러운 일을 당해도 유머를 구사하며 넘긴다. 혹은 욕망을 무조건 억압하지 않고 다른 방향으로 승화한다. 자꾸 분노가 치밀어 오르면 격투기 같은 격한 운동을 해서 심신을 단련하거나 아예 정반대의 예술을 하는 식으로 자신에게 도움이 되도록 이드의 감정을 전환한다. 혹은 다른 사람에게 도움이 되는 행동을 할 수도 있다. 내가 누군가의 멋진 연인이 되고 싶은 욕망이 강하다면 자기 자신을 꾸미는 것보다 애인을 멋지게 꾸미며 만족을 추구할 수도 있다. 내 욕구 충족은 나중으로 미뤄지는 듯하지만, 그게 궁극적으로 자신과 상대방의 관계가 깊어져서 마음이 남다른 멋진 연인으로 자리 잡는 지름길이 될 수 있기 때문이다. 성숙한 자아를 가진 사람은 이렇게 심도 있는 방어 기제를 사용한다.

이에 비해 미성숙한 방어 기제를 쓰는 사람도 있다. 세상은 미성숙한 방어 기제를 쓰는 사람이 더 많다. 그리고 미성숙한 방어 기제의 종류도 더 다양하다. 첫째, 행동화acting-out이다. 미성숙한 사람은 아이처럼 즉각적인 보상을 바라며 행동한다. 뭔가를 사고 싶으면 바로 쇼핑센터에 가서 사려고 한다. 새로운 상품이 나오면 빨리 손에 넣고 싶어 안달하기도 한다. 누군가가 마음에 들면 바로 육체적 관계를 맺으려 하고, 좋아한다고 바로 말하려고 귀찮게 쫓아다니거나 왜 나를 좋아하지 않느냐고 떼쓰기도 한다.

둘째, 미성숙한 방어 기제를 가진 사람은 누군가가 마음에 안 들면 더 파괴적인 행동을 한다. 상대방이 아닌 자기 자신을 공격하는 것이다. 피동적 공격passive-aggression은 대표적인 미성숙한 방어 기제이다. 학교 선생님과 마찰이 있으면 학교에 안 가거나, 일부러 시험공부를 안 하거나 답안지를 엉뚱하게 써서 반항한다. 그 피해는 고스란히 자기가 져야 하는 몫이 더 크더라도 말이다. 그러니 공격 대상은 곧 피해를 가장 많이 보는 자기 자신이 되는 것이다. 리더가 마음에 안 든다며 비협조적 태도로 일관해서 전체 과제의 기한을 넘겨 모두 나쁜 점수를 받기도 한다. 무의식적으로 일이 잘되지 않게 실수하면서 속상해하지만, 그것 때문에 다른 사람도 피해를 보았다고 하면 왠지 고소해한다.

셋째, 회피isolation 전략도 있다. 문제가 생기면 자신을 괴롭히는 현실로부터 무조건 도피하는 것이다. 자신이 서운한 게 있어도 '참고 넘기자'고 생각하면서 피하는 것이지만, 사실은 진실로 착하고 넓은 마음으로 피하는 것이 아니라 자신의 감정을 표현할 줄 몰라서 피하는 것이다. 이렇게 피하기만 하다 보면 계속 비슷한 문제가 생긴다. 상대방은 바

뛰어도 매번 부딪히는 부분에서 친구와 싸워 절교하는 사람은 잘못된 방어 기제인 회피 전략을 쓰기 때문이다. 이 전략은 무의식적이기 때문에 자신도 알아차리지 못한다. 지금 내 앞에 있는 도전을 힘들더라도 극복하겠다는 생각보다는 복잡하고 겁나니까 일단 피하고 보는 것이다. 그러면서 성장하지 않고 계속 어린아이로 남아 있는다. 나이가 들어도 잘 지내다가 좀 문제가 생기면 어린아이처럼 행동하는 사람이 있는 것도 회피의 방어 기제를 쓰기 때문이다. 미성숙한 자아를 인정하는 순간 성숙한 방어 기제를 갖춰 좀 더 지혜로운 인간으로 성장할 수 있다.

넷째, 투사projection이다. 투사는 자신의 잘못을 남에게 뒤집어씌우는 것이다. 예를 들어 내가 화가 나면 다른 사람이 나에게 화를 낸다고 생각한다. 친구끼리 다투는 것을 보면 "네가 먼저 화냈잖아!"라는 말이 자주 나온다. 이것은 상대방의 잘못으로 책임을 돌려서 자신의 마음을 편안하게 하려는 자아의 미성숙한 방어 기제에서 나온다. 앞서 이야기했듯이 이드는 쾌락, 즉 고통이 없는 상태를 추구한다. 그런데 만약 자기 잘못을 인정하면 괴로우니까 자아가 상황을 왜곡시켜 이드의 손을 들어 주는 것이다. 그런데 이드의 편을 들어 주면 사회적으로는 그만큼 소외당할 위험이 커진다. 자신이 잘못했는데도 끊임없이 남 탓을 하는 사람이 환영받을 가능성은 아주 낮으니까. 뇌물 수수혐의로 구속된 정치가는 "억울하다. 정치 공작이다"고 남 탓을 하고, 어떤 사람은 "나는 열심히 사는데 세상 사람들이 너무 각박하게 굴어서 성공하기 어렵다"고 말한다. 자신은 성실하게 학교생활을 하려는데 꼭 선생님과 친구들이 문제를 일으켜서 일을 그르친다는 학생도 있다. 그러나 자신만 올바른데 세상 모두가 이유 없이 자신을 미워할 확률은 희박하다.

　다섯째, 부정denial이다. 다른 방어 기제인 회피가 복잡한 상황을 피해 자신만의 세계로 들어가는 것이라면, 부정은 그 일 자체가 없다고 생각하는 것이다. 친구가 "너는 사실 깍쟁이야."라며 그 친구에 관한 여러 가지 일화를 말하면 다 듣고는 "절대로 그럴 리가 없어!"라고 반응하는 사람이 있다. 자신이 그런 사람이라는 것을 인정하면 너무도 고통스럽기 때문에 무의식적으로 부정한다. 담배를 피우고 싶은 욕망에 굴복해 담배를 찾으며 '나는 절대 암에 걸리지 않을 거야.'라고 생각하는 것도 마찬가지이다. 담뱃갑에 붙어 있는 폐암 경고문은 잘 보지 않는다. 심지어 암 진단을 받아도 자신이 암에 걸렸다는 사실을 인정하지 못하는 사람이 많은 것은 부정의 방어 기제가 그처럼 자연스럽게 작동하기 때문이다.

　여섯 번째, 전치displacement이다. 전치는 원래 꿈에서처럼 감정이 하나의 정신적 이미지에서 실제로 관련 없는 또 다른 정신적 이미지로 옮겨 가는 것을 뜻하는 용어였다. 거기에서 확장해서 대상을 바꿔서 분풀이하는 것을 뜻하게 되었다. 어느 모임에 나가 모욕당했다면, 그것을 다른 곳에 가서 다른 사람에게 푸는 것이 바로 전치이다. '종로에서 뺨 맞고 한강에서 눈 흘긴다'는 속담 그대로이다. 학교에서 친구와 다투며 쌓인 감정을 당사자에게 말 못하고 집에 와서 가족에게 화풀이하는 경우가 전치에 해당한다.

일곱 번째, 막강함omnipotence이다. 어린아이는 현실적인 중력의 법칙을 모른다. 보자기를 뒤집어쓰면 마치 슈퍼맨처럼 날 수 있으리라는 환상 속에서 산다. 그러나 어른 중에도 미성숙한 사람은 자신이 뭐든지 할 수 있다고 생각한다. 이것은 단순히 자신감을 갖는 것이 아니다. 난공불락으로 자신이 최고의 위치에 속한 사람 중 하나라고 생각하는 것이다. 공공장소에서 자신이 가장 위대한 존재라 생각하고는 맘대로 떠들거나, 욕하거나, 심지어 폭력을 쓰기도 한다. 유명 연예인의 폭행 사건이 심심치 않게 일어나는 것도 자신의 영향력이 막강해서 예외가 될 수 있다는 생각을 하게 만든 자아의 미성숙한 방어 기제 때문이다. 20대 초반의 어린 대학생이 화장실 미화원을 심하게 욕하면서 청소 작업을 지시한 사건도 미성숙한 방어 기제 때문에 일어났다고 볼 수 있다. 마치 자신이 직접 미화원을 고용했을 뿐만 아니라 나이를 초월할 정도로 권위 있는 사람이니 그래도 되는 것처럼 말이다. 처음에는 성실하게 종교 사업을 한 사람이 신도가 몰려든 다음 사이비 교주가 되는 것도 일순간의 변화는 아니다. 애초 당사자가 자신이 막강하다는 착각에 빠져 있다가, 그것이 발현될 기회가 왔을 때 신도를 함부로 대하는 것이다.

지금까지 살펴본 여러 방어 기제에 따라 사람들은 상대방의 성격을 판단한다. 성숙한 방어 기제를 쓰는 사람은 어른으로, 미성숙한 방어 기제를 쓰는 사람은 나이와 상관없이 아이 대접을 받는다. 그런데 여기서 잊지 말아야 할 것이 사람의 성격으로 드러나는 것은 자아와 초자아이지만 그 바탕을 이루고 있는 것은 이드라는 사실이다. 그래서

Sigmund
Freud

이드를 이해하지 못하면 사람의 행동을 이해할 수가 없다. 바로 이것이 프로이트 주장의 핵심이다.

정신 체계 3총사의 역할을 요약 정리하자면 다음과 같다. 초자아는 자아와 이드를 감시하여 사회 규범에 맞는 생활을 해 나간다. 이드는 이 모든 마음의 작용이 가능하게 하는 에너지원이다. 즉 원초적 충동 또는 본능 덩어리인 이드로부터 자아가, 자아로부터 초자아가 분화하여 발달한다. 이러한 정신 체계의 분화 과정이 사회화이며, 이때 사회에 의해 억압된 본능은 무의식으로 가라앉아 잊힌다. 그러나 그 흔적은 절대 사라지지 않고 말실수나 꿈 등으로 나타나기도 한다.

프로이트의 눈으로 개인과 사회 현상 바라보기

지금까지 홈쇼핑에서 단골로 써먹는 3종 세트를 끌어들여 프로이트의 이론을 설명했으니 아예 정신분석학의 핵심 내용을 쇼핑 상황으로 설명하면 어떨까? 새로 나온 신상품 운동화를 구매하려는 고등학생 김택연의 행동을 프로이트 이론으로 설명한다면 어떻게 될까? 한번 직접 시도해 보자.

택연이는 열일곱 살 남자이다. 외모가 신통치 않아 여자아이들에게 인기가 없다. 공부도 그다지 잘하지 못한다. 그냥 넉살이 좋아 남자아이들과는 잘 지내는데 고등학교에 와서는 부쩍 생활이 재미가 없어졌다. 외모와 성적으로 대접받는 세상을 미워하지만, 그렇다고

정신분석학 기본 3종 세트

현실이 바뀌는 것은 아니다. 놀고 싶어도 미팅에 초대받지도 못한다. 택연이는 정말 공부도 잘하고 잘 노는 학생이 되고 싶은데 현실은 전혀 그렇지 않다. 요즘 들어 가슴이 답답하고 가끔 콕콕 뭔가로 찌르는 것 같다. 왜 그런지 택연이는 모른다. 친구에게 물어봤더니 혹시 담배 피우느냐고 농담을 했다. 화가 나서 소리를 빽 질렀다. 친구가 이번에는 진지하게 병원에 가 보라고 했다. 택연이가 머뭇거리자 학원을 미루고 함께 가 주겠다고 했다. 친구가 비슷한 증상에 대해서 들은 기억이 난다며 적극 나서는 것을 보니 택연이는 혹시 큰 병이면 어떡하나 싶어 불안했다.

초자아의 이상과 현실의 차이가 너무 크다. 그래서 무의식 수준에서 이드의 욕구가 스트레스를 많이 받고 있다. 자아가 조정을 제대로 하지 않으면 폭발할 수도 있다. 현재 불만과 불안감이 모두 무의식 수준에 있어 자신도 왜 가슴이 답답한지를 알지 못한다. 병에 대한 걱정이 친구의 말에 의해 의식 수준으로 떠올랐을 뿐이다. 친구는 처음에는 유머를 사용하는 방어 기제를 사용했다. 그리고 함께 병원에 가 주겠다는 이타적 행동을 제안할 정도로 성숙한 자아 방어 기제를 갖고 있음에 주목할 필요가 있다. 그에 비해 택연이는 다른 사람의 말에 충동적으로 반응하는 미성숙한 방어 기제를 갖고 있다.

중간고사를 앞두고 택연이는 자신의 모습을 보며 이렇게 한탄만 하고

Sigmund
Freud

있다가는 아무것도 안 되겠다고 생각했다. 그리고 엄친아처럼 단번에 1등을 하지는 못하겠지만, 핵심 과목 다섯 개에서는 각 과목당 최소 5점은 꼭 올리겠다는 다짐을 한다.

⋮⋮⋯⋯ 자아의 방어 기제로 이드의 긴장 상태가 완화되었다.

택연이는 엄마에게 최소 총점 25점이 오르도록 할 테니 기분 좋게 공부할 수 있도록 자신이 평소에 점 찍어 놓았던 비싼 옷을 한 벌 사 달라고 조른다. 그리고 이왕 사 줄 거 지금 당장 사 달라고 조른다. 엄마는 뭘 믿고 미리 사 주느냐며 단번에 거절한다. 그러자 택연이는 인심 쓰는 척 시험 끝나고 답안지 채점이 다 끝나면 사 달라고 한다. 엄마는 성적표를 받고 나서도 생각해 볼까 말까라고 말한다. 그래서 택연이는 엄마의 말대로 성적표를 받고 나서 점수가 올랐으면 옷을 사 달라고 조른다. 하지만 엄마는 그 정도 점수는 눈감고 찍어도 오를 수 있다며 택연이의 요청을 거절한다. 택연이는 전 과목 평균 5점을 올릴 것을 약속한다. 엄마는 솔깃한 눈으로 택연이를 쳐다보았지만 쉽게 허락해 주지 않는다. 그래서 택연이는 낡은 운동화를 새것으로 갈아달라는 제안을 한다. 그제야 엄마는 택연이와 약속했다. 택연이는 들뜬 마음으로 사고 싶은 운동화 사진을 책상 앞에 오려 붙였다.

⋮⋮⋯⋯ 쾌락 원칙에 따라 엄마에게 아이처럼 매달렸지만, 원하는 것

을 얻지 못하자 택연이는 자신의 욕구 충족 기한을 연기하며 조율했다. 그래도 엄마가 약속해 주지 않자, 결국 현실 원칙에 따라 사회적 규범과 이드를 모두 종합해서 거꾸로 엄마가 마음에 들어 하면서 자신에게도 필요한 운동화 구매 제안을 한다. 그러나 아직 미성숙한 방어 기제로 '행동화'가 보인다.

정신분석학의 특성상 어떤 일화가 추가되느냐에 따라 다른 설명도 가능하다. 여러분도 자신의 경험이나 다른 친구를 관찰한 바를 연결해 가며 분석해 보기 바란다. 미처 깨닫지 못했던 부분을 발견하는 재미를 느낄 수 있을 것이다.

그런데 이 개인적 마음의 작동 원리는 사회 현상을 설명하는 데에도 똑같이 쓰일 수 있다. 개인과 사회의 숨겨진 원리를 동시에 파악할 수 있다는 것이 프로이트 이론이 가진 가장 큰 매력이다. 그것을 느낄 수 있는 사례를 살펴보자.

2012년 2월 현재 전 세계는 경제 위기에 휩싸여 있다. 미국의 주택 시장 붕괴에 의한 금융 위기가 연쇄 반응을 일으켜 결국, 그리스 재정 위기를 넘어 EU 국가 전체가 촉각을 곤두세우고 있다. 그런데 지극히 경제적인 원인이 숨어 있을 것 같은 이 현상 뒤에는 심리적인 이유가 숨어 있다. 이야기는 미국에서부터 출발한다. 사람은 이드에 있는 욕망을 추구한다. 즉 쾌락 원칙을 따르려 한다. 그것은 미국이 아니더라도 아주 옛날부터 인간이 추구해 온 보편적인 욕망이었다. 그런데 최근 몇십 년 사이에 미국에는 큰 변화가 있었다. 기존의 라디오, 텔레비전 이외에 위성 방송, 케이블 방송, 인터넷 등 미디어가 질적인 측면이나 양적인 측면에서 획기적으로 발달하면서 광고와 프로그램 내용에 사회 전체에 쾌락을 부추기는 것이 갑자기 많아졌다. 사회 전체를 아우르는 이드의 힘이 강해졌고, 초자아의 힘은 약해진 상태에 대중이 노출되었다.

안 그래도 쾌락 원칙에 민감했던 대중은 크게 동요했다. 양심, 인류애, 공동체 의식, 미덕 등의 가치를 소중히 여기던 풍조에서 편리, 효율, 성공, 참살이 등의 가치가 더 강조되었다. 그러면서 자연스럽게 자아는 이드의 손을 들어 주기 시작했다. 덕분에 사회는 꼭 필요한 곳에만 돈을 쓰는 소박한 생활이나 성실한 사람에 관심을 두기보다는, '활동화' 방어 기제에 따라 즉각적으로 바뀌었다. 저축보다는 지금 당장 눈을 즐겁게 하는 화려한 장식과 이벤트, 일확천금으로 돈을 번 사람에 더 주목하게 되었다.

드라마나 각종 생활 정보 프로그램은 고급 주택가에 사는 행복한 사람들의 모습을 보여 주었다. 사람들은 처음에는 자신과 먼 이야기라고 생각했다. 그런데 계속 텔레비전과 영화에서 상류층의 모습을 보다 보니 그게 사회적 기준이 되어 버렸다. 초자아의 중심이 이드 쪽으로 흔들린 것이다. 원래 미국인은 월세를 살다가 다른 곳으로 훌쩍 이주하는 삶을 불편하게 여기지 않았다. 그러나 고급 주택에 살며 파티를 즐기는 드라마 속 인물을 보며 생각을 고쳐먹었다. '나도 저렇게

행복하게 살 수 있으면 뭐든지 할 텐데……'

집에 들어오는 전단 광고를 봤더니 드라마에 나올 것 같은 주택을 구매하는 것도 별로 어렵지 않다. 비우량 주택 담보 대출sub-prime mortgage loan 제도 덕분이었다. 비우량 주택 담보 대출 조건은 까다롭지 않아서 누구나 마음만 먹으면 집을 저당 잡히고 살 수 있었다. 남들이 부러워할 만한 수준의 아이들을 위한 사교육이나 선물도 신용 카드로 장기 할부 결제하면 돌려 막기로 버틸 수 있었다. 사람들은 마치 필수품처럼 명품을 사기 시작했다. 명품은 애초 소수 부자를 위해 만들어진 것인데도, 일상적인 대화의 주제가 되었다. 그러다가 2007년과 2008년 사이에 무분별한 비우량 주택 담보 대출 때문에 주택 융자 사업이 붕괴되었다. 그리고 집을 사느라 전 재산을 저당 잡힌 사람들은 파산해서 거리로 내쫓기고, 집이나 월급을 담보로 개인에게 돈을 빌려 주었지만, 파산자나 실업자 신세가 된 고객이 많아져 돈 받을 곳이 없어진 은행도 곧 파산했다. 그리고 그런 은행에 투자한 리먼브러더스 홀딩스 같은 거대 금융 기업이 휘청거리면서 뉴욕의 월스트리트로 대변되는 금융 시장도 급속히 붕괴했다. 미국 최초의 흑인 대통령 버락 오바마는 당선의 기쁨을 누릴 사이도 없이 임기를 시작하자마자 긴급 구제 금융 대책을 세우느라 골머리를 앓아야 했다.

....

만약 사람들이 성숙한 방어 기제를 갖고 있었다면 이런 사태는 일어나지 않았을 수도 있다. 드라마에서 명품을 휘감은 사람이 나와도 흔들리지 않고, 자신의 검약함을 자랑스럽게 여기며 유머로 넘길 수도 있었다. 다른 사람에게 자신의 쇼핑 목록을 자랑하기보다는 저축한 돈을 기부 등 다른 의미 있는 곳에 사용한 것을 이야기하며 자신의 자아를 자연스럽게 드러낼 수도 있었다. 겉보기에 멋진 삶을 향해 경쟁하는 것이 아니라 내면적 가치에 더 신경 쓰며 개인적 성숙을 도모하며 사회 발전에 도움을 줄 수 있었다. 그러나 사람들은 미성숙한 방어 기제로 자아를 지키려고 했다. 어른처럼 장기적 관점에서 소비를 결정한 것이 아니라, 당장 욕망을 충족시켜야 하는 아이처럼 행동했다. 만약 자신의 능력으로 집을 살 수 없다면, 현실 원칙에 의해 주택 담보 대출을 받지 말았어야 했다. 은행도 현실 원칙에 따라 대출해 주지 말았어야 했다. 그러나 모두 쾌락 원칙에 무릎을 꿇었다. 예전에는 사회적 규범에 의해 냉대를 받아 마땅할, 도덕적으로 문제가 많은 사건에 연루된 패리스 힐튼 같은 이의 화려한 삶을 좇으려는 사람이 많아졌다.

개인은 더 멋지게 보이고 싶은 욕망에 사로잡혀 다른 사람을 때리는 동영상까지 인터넷에 올리게 되었다. 심지어 미국에서는 화려한 언론의 조명을 받기 위해 총기 난사를 하는 경우가 많아졌다. 한국에서는 재미 삼아 폭행하고 그 영상을 올리는 수준이지만, 폭력성이 약하다고 할 수 없는 실정이다. 이 모든 것이 이드의 욕망이 세지면서 초자아가 제 역할을 하지 못해 자아의 기능까지 망가졌기 때문이다. 덕분에 세상을 자기 마음대로 움직일 수 있다고 믿는 사람이 많아졌다. 그러나 막강함이라는 미성숙한 방어 기제를 가졌던 사람들은 황당한 종말을 맞이했다. 정상의 위치에 있는 유명인의 도박, 마약, 자살, 사기 사건은 예전보다 자주 일어나고 있다. 만약 사회에도 성숙한 개인의 방어 기제 같은 역할을 하는 장치가 제대로 작동했다면, 세계 경제는 이처럼 나빠지지 않았을 테고, 사회 분위기도 덜 절망적이었을지 모른다. 한국 사회도 미국으로 대변되는 서구식 변화를 좇고 있기에 경계하지 않으면 쾌락을 맘껏 추구하다가 행복이 없어지는 역설적 상황이 벌어질지 모른다. 이드를 무조건 억압하는 것은 나쁘지만, 이드를 무한 방출하게 놔두는 것은 더 나쁘다. 개인이나 사회 모두에게 말이다. 그래서 프로이트는 자아가 무의식의 영향력을 조율하는 방어 기제에 대한 연구를 많이 했다.

　　프로이트가 무의식과 본능이 어떻게 개인과 사회를 움직이는지 분석했다고 해서 개인의 삶과 역사가 꼭 맘대로 되어도 좋다고 주장한 것은 아니다. 오히려 이성주의자였던 그는 합리적으로 자아를 조율하여 성숙하게 문제를 해결하기 바랐던 것이다. 그것은 프로이트의 저서들을 보면 알 수 있다.

단순하면서 절대적인 한 줄 용어 정리

복잡한 개념은 상세한 설명보다는 때로 간명한 문장으로 정리하는 것이
이해하기 쉬운 법. 다음 용어 정리를 그림과 함께 찬찬히 살펴보면
프로이트 이론의 핵심을 이해할 수 있다.

의식의 3층 구조

의식: 인간이 감각 기관을 통해서 인식할 수 있는 모든 것이다.

전의식: 무의식에 억압되어 있지만, 주의를 집중하면
의식화될 수 있는 정신세계이다.

무의식: 인간의 감각 기관으로 인식할 수 없는, 마음 깊은 곳에
감추어져 있는 정신세계이다.

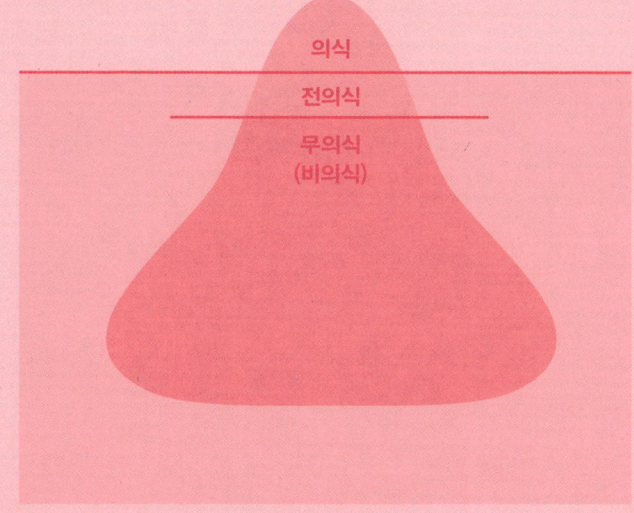

정신 체계 3층 구조 인간의 정신 안에 있는 가상의 장소이다.

초자아: 자신 내부에 있는 양심의 목소리이다.

자아: 이드와 초자아 사이의 싸움을 말리는 중개자 역할을 한다.

이드: 원시적이고 본능적인 욕구를 뜻한다.

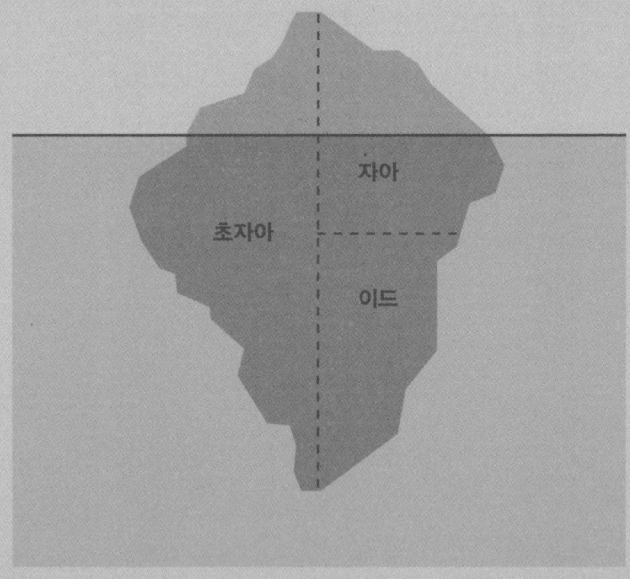

Sigmund
Freud

정신 역동 3종 원칙

쾌락 원칙: 이상적인 만족을 위해 당장 욕구를 충족하려는 행동 원칙.

현실 원칙: 궁극적인 만족을 위해 현실적으로 욕구를 연기할 줄 아는 행동 원칙.

방어 기제: 이드와 초자아 등의 위협으로부터 자아를 지키고,
이상과 현실을 중재하려는 행동 원칙.

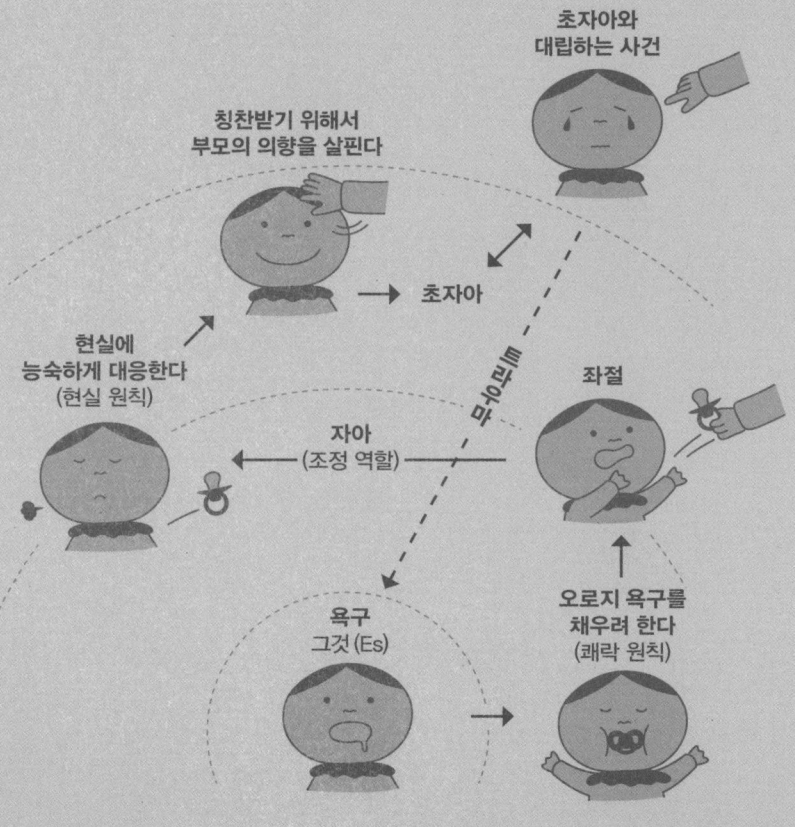

03

프로이트를 이해하는
지름길, 꿈

어떤 과학자들은 말한다. 꿈은 아무 의미 없는 다양한 이미지를 만드는 신경 현상일 뿐이라고. 또 종교가들은 말한다. 선택받은 이의 꿈에는 미래에 대한 예언이 숨어 있고, 꿈은 신의 계시라고.

일반인은 어떨까? 평소에는 꿈과 현실을 잘 구분하는 사람조차 '간밤에 돼지꿈을 꾸었으니 복권을 사 볼까?' 하고 생각하는 경우가 많다. '나는 야한 꿈만 꾸니 변태인가 봐.' 하고 고민하는 때도 있다.

어떤 이는 무시무시한 악몽 때문에 자주 잠을 설치기도 한다. 프로이트가 《꿈의 해석》을 쓰게 된 이유도 바로 악몽 때문이었다. 프로이트는 꿈을 개인의 심리 상태를 이해할 수 있는, 단서로 가득 찬 학문적 대상으로 보았다. 프로이트가 자신의 꿈을 분석하며 자기 자신과 타인을 이해한 과정을 따라가 보자.

프로이트가 꼽은 최고의 책

프로이트는 1900년에 출간된 《꿈의 해석》을 자신의 대표작으로 꼽았다. 제목은 꼭 전문 해몽서 같다. 그러나 내용은 해몽이나 점괘와는 거리가 멀다. 개인과 사회의 비밀을 가진 무의식을 이해하는 지름길을 알려 주는 책이다.

1896년 아버지가 사망한 후, 프로이트에게는 큰 변화가 생겼다. 우선 깊이 잠들 수가 없었다. 나쁜 꿈을 많이 꾸었기 때문이다. 성생활과 건강에도 문제가 생겼다. 프로이트에게는 치료가 필요했다. 이를 계기로 그는 본격적으로 자기분석을 시작했다. 프로이트는 분석의 열쇠를 꿈에서 발견했다. 프로이트가 아버지의 장례식 날에 꾼 꿈을 들여다보자.

정거장에 금연 포스터가 붙어 있다.
포스터에는 '눈을 감아 주세요'라는 문구가 쓰여 있다.

이 꿈은 그저 개꿈일 뿐일까? 혹시 무슨 의미라도 있는 게 아닐까? 프로이트는 궁금했다. 잠에서 깬 후 몹시 꺼림칙했기 때문이다. 프로이트가 자신의 꿈을 분석한 결과는 이렇다. 프로이트는 아버지의 장례식을 간소하게 치렀다. 경제적으로 그다지 풍요로운 상황이 아니었기에, 합리적인 선택이라고 생각했다. 그러나 무의식의 죄책감은 생각보다 컸던 모양이다. 눈을 감아 달라는 문구는 프로이트 '자신의 잘못을 눈감아 달라'는 의미였다.

프로이트의 꿈을 좀 더 깊이 분석해 보자. 프로이트의 아버지는 여든한 살까지 살았다. 이 정도면 장수한 편이다. 그리고 프로이트는 경제적 능력이 없는 아버지를 돕고, 의사로서 건강을 살피는 등 자식의 도리를 할 만큼은 했다. 장례식이 간소하기는 했어도 형편없지는 않았다. 그런데 왜 그는 심한 죄책감에 시달리며, 이런 꿈까지 꾼 것일까? 프로이트의 생애에 관한 글에서 밝힌 것처럼 어린 프로이트는 젊고 매력적인 어머니를 독차지하고 싶었다. 그래서 아버지에게 강한 질투심을 느꼈다. 그러나 이를 아버지가 알아차려 혼이 날까 봐 겁났다. 여기서 처벌에 대한 강한 불안과 죄책감이 생겨났다. 물론 이는 모두 무의식에서 일어난 일이다. 실제 사실이 아니며, 의식은 거의 알아차리지 못하는 감정이다. 하지만 프로이트의 마음을 가장 잘 이해할 수 있는 지름길이기도 하다.

《꿈의 해석》에 나오는 다른 꿈을 보자. 이번에는 독자 여러분이 직접 분석해 보기 바란다.

프로이트는 나이 든 신사와 함께 기차역에 있다. 나이 든 신사는 한쪽 눈만 시각 장애인 같아 보였다. 그런데 프로이트는 나이 든 신사에게 긴 우유병 같은 소변기를 내밀었다. 프로이트는 속으로 생각했다.
'그러니까 나는 이 노인의 간호사이군.'
이때 나이 든 신사의 소변보는 모습과 성기가 뚜렷이 보인다.
바로 그 순간 프로이트는 오줌이 마려워 잠에서 깨어났다.

이 꿈을 어떻게 분석할 수 있을까? 프로이트가 《꿈의 해석》 집필에 몰두하게 된 계기를 생각해 보면 나이 든 신사가 누구를 상징하는지는 쉽게 짐작할 수 있다. 그런데 프로이트의 아버지가 왜 하필 자신의 힘으로 오줌도 제대로 눌 수 없는 상태로 등장한 것일까? 그리고 왜 하필 시각 장애인이었을까? 그 답은 프로이트의 과거 경험에 있다. 프로이트는 일곱 살 무렵에 부모님의 침실에서 오줌을 싼 기억이 났다. 그때 당황한 아버지는 "저 녀석은 아무짝에도 쓸모가 없을 거야!"라고 말했다. 아버지로서는 영민하던 아이가 갑자기 오줌을 쌌기 때문에 화가 나서 내뱉은 말이었을 것이다. 하지만 아이 처지에서는 상처가 되는 말이었다.

앞서 살펴본 것처럼 어릴 적 사소한 일도 정신적 외상이 될 수 있다. 어린 프로이트는 재능이 많았는데, 아버지가 아무리 당황했다고 해도 쓸모가 없다고 모욕한 것을 그대로 받아들일 수 없었다. 당시에는 엄청난 분노를 느꼈을 것이다. 그러나 아버지에 그런 감정을 갖는 것은 잘못된 것이기도 하다. 그래서 아버지가 세상을 뜬 다음에 새삼스럽게 그 일이 떠오른 것이다. 그런데 현실의 프로이트는 아이가 아니라 이미 다 자란 성인이다. 꿈에서도 프로이트는 성인으로서 나이 든 신사를 봐줘야 하는 위치가 되었다. 그리고 눈 수술을 받은 아버지는 아예 시각 장애인으로 꿈속에 등장했다. 그런데 굳이 한쪽 눈만 시각 장애인인 것은 현실적으로 수술을 통해 눈이 나아졌지만, 자신의 재능을 보지 못한 아버지에 대한 반감이 작용했기 때문일 수도 있다. 프로이트는 아버지의 눈 수술을 한 의사를 바로 옆에서 도왔다. 아무짝에도 쓸모없는 아들이 아니라, 아주 구체적인 도움을 준 것이다. 이로써 프로이트는 아버지에게 자신의 존재 가치를 보여 준 셈이었다. 그런데 굳이 아버지가 기차역에서 오줌 누는 것을 챙겨야 했던 이유는 무엇일까? 배변 관리는 유아기 무렵에 해결되는 능력이다. 그런데 아버지가 연약한 유아보다 더 배변 관리가 안 되는 존재로 꿈에 등장한 것은, 프로이트가 단지 자신의 존재 가치를 증명하는 것 이상의 욕망이 있었음을 드러낸다. 그것은 어릴 적 부모님 침실에서처럼 거꾸로 아버지에게 창피를 주고 싶었던 것이다. 그래서 아버지에게 소변을 보게 한 순간, 예전 일이 무의식에서 떠올라 자신도 모르게 오줌이 마려워 잠에서 깬 것이다.

　　프로이트의 꿈 해석이 어릴 적 경험과 연결되고 있음에 주목해야 한다. 무의식은 본능적이며, 선천적인 특징이 강하다. 무의식은 자아가 강해진 어른보다는 어린 나이에 더 잘 관찰할 수 있다. 그리고 심리적 문제는 정신적 외상 때문에 생기는데 그 상처는 주로 자신이 연약했던 어릴 적에 더 잘 형성된다. 그래서 정신분석학은 어릴 적 경험을 중요하게 생각한다. 한번 상처 입은 것은 다음에는 회피하는 경우가 많고, 어른이 되어도 그 부분은 연약한 상태로 남아 있다. 그래서 문제를 일으키기 때문에 정신분석학자들은 환자에게 어릴 적의 경험을 떠올리라고 요구하는 경우가 많다.

　　프로이트의 꿈 분석 내용에서처럼, 꿈은 비밀의 방으로 통하는 문과 같다. 그 문을 열면, 할리우드 영화보다 장대하고 흥미진진한 무의식의 세계가 펼쳐진다. 바로 여기에 꿈의 중요성이 있다. 프로이트 덕분에 이제 꿈은 우연한 산물이나 무가치한 생리 현상이 아니라, 의미 있는 '정신 현상'이라는 것이 밝혀졌다. 이제 꿈의 해석은 미신이 아닌 프로이트식의 '과학'적인 작업이 되었다.

프로이트의 분석을 따르면 꿈의 내용은 무의식과 관계가 있다. 무의식에는 '이루어지지 않은 본능적 소망unsatisfied instinctual wishes'이 살고 있다. 소망이라고 해서 간절히 이루고 싶은 아주 큰 인생의 목표를 뜻하는 것만은 아니다. 어떤 음식을 먹고 싶거나 무엇을 사고 싶은 것 등 일상적인 욕망을 뜻한다. 일상생활에서 충족하고 싶은 것 중에 뜻대로 이루지 못한 것이 꿈에 나온다. 그래서 현실에서 만나지 못하는 연예인을 꿈에서 보거나, 먹지 못한 음식을 맘껏 즐기는 꿈을 꾸는 것이다. 이러한 점에 주목한 프로이트는 꿈의 궁극적인 목표가 소원 성취, 즉 본능적 소망의 충족이라고 주장했다.

그러나 노출 수위가 높은 영화가 등급 판정을 받을 때는 여기저기 가위질당하듯, 무의식도 '자아'에 의해 검열당한다. 이 현상을 억압 repression이라고 부른다. 욕망은 의식으로 뚫고 들어오려 하지만 대부분 의식을 불편하게 하는 것들이다. 그래서 우리가 깨어 있을 때는 억압된다. 그렇지만 수면 중에는 그 억압이 약해진다. 그래도 의식의 검열은 여전히 작동해서 욕망의 대상은 그대로 꿈에 나타나지 못하고 본래의 모습과는 다른 모습으로 바뀌어 꿈에 나타난다.

어떤 욕망은 너무 노골적이어서 사회적으로 인정되지 않는 것일 수도 있다. 하지만 영화 '미저리misery'의 여자 주인공처럼 상대방을 감금하고 그의 욕망을 무시하고서라도 자신의 욕망을 실행하는 모습을 꿈꿀 때도 있다.

예를 들어 보자. 청소년 중에는 연예인을 매우 좋아하는 친구가 많다. 그렇다 보니 마음에 드는 연예인을 납치하다시피 데리고 와서 감금시켜 자신만 바라보게 하고 사는 범죄 상황을 그대로 꿈꾸는 일도 있다. 하지만 이런 상황을 상상하는 것 자체에 대해서 양심의 가책을 느낀다. 그런 경우 길거리에 돌아다니는 예쁜 애완견을 집에 데리고 오는 장면으로 꿈의 내용을 바꾸어 꾸기도 한다. 그리고 애완견이 다시 길을 잃지 않도록 집에 놓고 잘해 주며 행복하게 지낸다. 애완견이 다시 밖으로 나가고 싶다며 낑낑거리는 것은 귀여운 몸짓으로 생각한다. 실제로 연예인이 그 모습 그대로 나왔다면 말을 해서 알아듣게 되어 마음이 불편할 수 있는 이야기가 오히려 즐거운 상황으로 포장되는 것이다. 이렇듯 많은 사람이 좋아하는 연예인을 독점하려는 자신의 소망이 내용을 변형해서 꿈으로 나타나면 꿈을 꾸는 동안이나 그 이후 기분이 좋다. 은밀한 욕망이 충족되기 때문이다. 이런 꿈을 꾸는 과정에서 중요한 요소에 주목할 필요가 있다. 연예인의 모습을 직접 보든, 애완견으로 바뀐 모습을 보든 은밀한 욕망은 계속 의식으로 나가려고 한다는 점이다. 그래서 꿈을 꾸는 것이다. 그리고 그 과정을 거꾸로 추적하면 무의식을 발견할 수도 있다.

프로이트는 최근에 겪은 일이 꿈의 재료가 되어 반드시 나타난다는 사실에 주목했다. 그것도 중요한 일이 아니라 사소한 일이 나오

83

는데 그 이유는, 사소한 일 뒤에는 억압당한 욕망이 있기 때문이라는 것이다. 결국, 프로이트의 주장을 따르면 그 사소한 일은 억압당한 욕망의 '가면'인 셈이다.

무의식의 소망들은 자아의 검열을 피해 모양을 바꾸거나, 자신의 몸을 조각내어 파편으로 만든다. 이 위장된 파편들이 '꿈'이 되고, 말실수가 되고, 증상이 된다. 무의식의 내용에 성적인 요소가 많다 보니 꿈의 분석 내용도 다분히 성적이다. 보통 새의 부리나 뱀은 남성의 성기로 해석된다. 꿈에서 용변을 보거나 음료수 등 액체를 쏟거나 뭔가를 터지게 하는 것은 성적인 욕구의 분출을 의미한다. 배가 고프거나, 목이 마른 것은 욕구 불만이 있기 때문이다.

프로이트는 현실과 다른 환상적 상황으로 사람들이 꿈을 꾸게 되는 원인을 다음과 같이 나누었다.

첫째, '꿈 재료'이다. 꿈 재료는 말 그대로 꿈이라는 하나의 이야기의 재료이다. 깨어 있을 때나 무의식중에 인식된 소재들이다. 글자로 본 것은 시각화되기도 하며, 함축적 의미를 띠기도 한다. 예를 들어, 프로이트의 아버지에 대한 죄의식이 금연 포스터의 문구로 나온 것도 꿈 재료가 함축성과 시각화의 특성이 있기 때문이다. 흔히 독서 후에 등장인물이 꿈에 나와서 나에게 말을 거는 것도 꿈 재료의 변형 특성 때문이다.

둘째, '꿈 압축'이다. 인간은 깨어 있을 때 어떤 상황이 벌어진 전부를 그대로 머리에 저장하지 않는다. 인상적인 것을 중심으로 압축한다. 그래서 전날 겪은 두 가지 이상의 사건은 하나로 압축된다. 덕분에 짧은 꿈 안에 여러 기억이 압축되어 동시에 나타나기도 한다. 예를 들어 어제 학교에서 선생님께 혼난 일이, 당시 상황과 아주 비슷하게 꿈에 나오는데 뜬금없이 엄마가 내 옆에 등장하기도 한다. 그리고 엄마가 예전에 했던 이야기를 하고 갑자기 연극처럼 내가 벌서기 위해 어릴 적 살던 골방으로 들어가는 식으로 꿈을 꾸기도 한다. 이 경우 별개인 세 개의 사건에 대한 기억이 하나의 꿈에 압축되어 나온다.

셋째, '꿈 사고'이다. 꿈 재료를 가공해 압축하고, 시각적으로 꾸게 되면서 꿈에 대한 생각을 계속하는 것이다. 꿈을 꾸면서 '이것은 꿈이야.'라고 인식하는 것도 꿈 사고 덕분이다. 꿈 사고는 현실의 한계를 벗어나 꿈 상황에 맞게 기억을 압축하고 여러 사건을 왜곡한다. 꿈 사고가 꿈을 검열하기 때문에 숨겨진 욕망은 그 모습을 그대로 드러내지 않는다. 무의식적 욕망은 꿈 사고의 검열을 피해 꿈에 등장하기 때문에 꿈의 내용이 불명확해진다.

어떤 때는 아주 심하게 이상한 모습으로 나타난다. 밑도 끝도 없이 꿈의 내용이 전개되어 기분이 뒤숭숭해지는 꿈을 꾸는 경우가 있다. 이것은 욕망이 꿈 사고 속에서 긴장감 있는 술래잡기를 계속해서 그 의미를 의식적으로 알 수 없고, 검열 때문에 욕망 충족도 제대로 되지 않기 때문이다.

넷째, '꿈 왜곡'이다. 앞서 말했듯이 꿈 사고는 꿈을 검열한다. 이 검열 과정에서 여러 방어 기제 등에 의해 인간은 자신의 꿈을 왜곡한다. 상징화symbolization, 전치displacement, 저항resistance이 꿈을 왜곡하는 대표적인 방식이다. 상징화는 욕망의 대상을 있는 그대로가 아니라 추상적 형태로 바꾸는 것이다. 전치는 실제 욕망의 대상이 완전히 다른 사물로 대체되는 것이다. 저항은 꿈 자체에 대한 기억을 지워 잠에서 깼을 때 자신이 어떤 꿈을 꾸었는지 모르게 한다.

꿈 사고의 검열이 심해지면 왜곡의 정도도 함께 심해진다. 대상을 바꾸는 전치가 심해 심지어 좋아하지 않는 사람과 다정한 한때를 보내는 꿈을 꾸기도 한다. 그 충격으로 깜짝 놀라 깨기도 한다. 만약 상대방이 실제로 좋아하는 대상이었다면 행복한 환상을 지속할 수 있도록 단꿈에 계속 빠졌을 것이다.

이렇게 꿈 왜곡이 있다 보니 꿈의 내용은 뒤죽박죽인 경우가 많다. 흔히 자신이 꿈에서 웃고 있었으면 길몽吉夢이고 울고 있었으면 악몽惡夢이라고 여기는데, 꿈의 해석이 그렇게 단순하지 않은 것도 왜곡과 검열 때문이다. 그래서 프로이트는 겉으로 드러난 꿈을 내용뿐만 아니라, 세심한 단서까지 놓치지 않고 종합적으로 해석해야 한다고 주장했다.

예술로 승화하는 꿈

꿈의 내용을 예술로 승화한 사람도 있다. 초현실주의 미술가 살바도르 달리Salvador Dali는 꿈에 나온 무의식 요소를 승화하여 독특한 작품을 만든 것으로 유명하다. 달리가 1944년에 그린 '잠에서 깨기 직전 석류 주변을 날아다니는 한 마리 꿀벌에 의해 야기된 꿈'이라는 작품은 꿈의 내용이 어떻게 형성되는가를 가장 잘 보여 준다.

　　이 작품을 보면 석류가 툭 터지고, 석류와 같은 색깔의 물고기에서 호랑이가 뛰어나와 아무것도 모르고 여유를 즐기고 있는 여자를 공격하려고 한다. 거기에 여자의 목을 노리는 장총은 아주 위협적으로 보인다. 뒤에 있는 코끼리의 모습도 아주 위태로워 보인다. 여자의 여유로움이 클수록 공격성이 두드러져 보인다. 만약 여자가 눈을 뜨고 호랑이를 쳐다봤다면 작품의 느낌은 아주 달랐을 것이다. 의식하지 않는 존재에 무의식의 요소가 확 덮치는 느낌이 이 작품의 핵심이다.

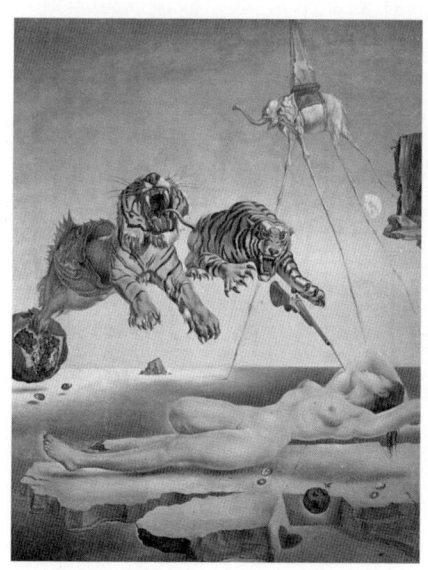

그런데 왜 이렇게 배치했을까? 작품의 제목을 보면 알 수 있다. '잠에서 깨기 직전 석류 주변을 날아다니는 한 마리 꿀벌에 의해 야기된 꿈'. 이 작품은 달리가 여유 있게 즐긴 잠에서 깨려는 순간, 석류 주변에 있던 벌이 윙윙거린 것을 떠올리며 그렸다. 꿈의 주된 재료는 이미 작품 제목에 드러나 있다. 벌이 호랑이가 되어 나타난 것이다. 벌의 침은 장총에 붙어 있는 칼로 형태가 바뀌었다. 금방이라도 찌를 기세이다. 물고기도 공격적인 모습이다. 석류는 하필 한껏 흥분해서 벌어진 여자의 성기 모양을 하고 있지만, 언뜻 보면 눈에 띄지도 않을 정도로 구석에 있다. 그리고 여성이 벌거벗고 누워 있다. 이 작품을 통해 꿈 왜곡과 꿈 내용을 검열하는 꿈 사고가 어떻게 진행되는지와 무의식의 세계를 성적인 부분이 얼마나 많이 차지하는지를 동시에 확인할 수 있다.

꿈은 기존에 프로이트가 연구한 신경증과는 다른 탐구 대상이었다. 신경증이 소위 '미친 사람'에게 나타나는 것이라면, 꿈은 '누구나' 꾸는 것이다. 프로이트 이전까지 정신병은 그저 뇌의 기관 이상에서 오는 신체 질환이었다. 이에 따라 뇌에 이상이 없는 사람은 정상인, 뇌에 이상이 있는 사람은 비정상인으로 단순하게 구분했다. 그러나 프로이트는 꿈 분석을 통해 밝혀냈다. 정신병으로 인식하던 심리 구조와 정신 현상이 사실은 정상적인 정신에서도 똑같이 작동하고 있음을 말이다. 이 때문에 훗날 정신분석은 일부 미치광이가 아닌 '보편적 인간의 정신 구조'를 이해하기 위한 필수 도구로 주목받게 되었다. 꿈의 발견에 의한 정신분석의 지형 변화에 대해 프로이트는 자서전에 다음과 같이 썼다.

"이제까지 정신분석은 병리적인 현상의 해결에만 집착했다.
그러나 꿈은 병리적인 현상이 아니다. 정상인도 꿈을 꾼다. 그런데 꿈이
증세와 같은 방식으로 나타난다면 정신분석은 병적 현상을 설명하는
데에만 머물러 있을 필요가 없다. 오히려 정신분석은 정상인의 정신
현상을 이해하고 연구하는 데 없어서는 안 될 도구가 되었다."

프로이트의 이론은 인간 심리를 깊이 연구한 내용을 바탕으로
했기 때문에, 많은 예술가가 이를 통해 인간을 이해하는 폭을 넓힐 수
있었다. 즉, 창작 결과에 대한 비평을 넘어서 창작의 시작에까지 영향을
미친 것이다.

"나에게 있어 일생일대의 발견이며 나의 꿈만이 아니라
나의 인생 경험도 여기에 있다."

이 말은 《꿈의 해석》을 읽고 난 화가 달리의 감상평이다. 미술
과 문학 등 예술 전반에서 생겨난 초현실주의는 프로이트의 이론에 고
무된 예술가들이 만든 새로운 흐름이었다. 화가 살바도르 달리와 마르
크 샤갈, 작가 제임스 조이스와 토마스 만 등 프로이트에게 빚진 예술가
는 수없이 많다.

그래도 프로이트 이론의 위력은 기존 예술가의 심리를 철저하게 해부한 것에서 더 잘 느껴진다. 〈세 상자의 테마The Theme of the Three Caskets〉, 〈미켈란젤로의 모세 상The Moses of Michelangelo〉, 〈창조적 작가와 백일몽Creative Writers and Day-Dreaming〉 등의 에세이는 프로이트가 작품 안으로 파고 들어가 예술가의 숨겨진 의도를 발굴한 최초의 정신분석 비평이다. 프로이트의 지평으로 보면 확실히 대상이 다르게 보인다. 예를 들면 〈미켈란젤로의 모세 상〉이 그렇다.

모세 상은 몸통을 정면으로 향한 채 앉아 있다. 특히 위엄 있

는 수염이 인상적이다. 그러나 비평가들은 주로 십계명을 잡고 있는 손에 주목했다. 모세는 십계명을 받아 온 성경 속 인물이다. 그래서 모세 조각의 핵심을 십계명과 관련된 것으로 파악했다. 미켈란젤로는 십계명이 적힌 석판을 오른팔과 자신의 몸통 사이에 끼었다. 왼손은 배까지 뻗어 있는 수염 끝자락과 맞닿아 있다. 그런데 오른손을 보면 석판을 잡는 대신 자신의 수염 중간 부분을 잡고 있는 것을 확인할 수 있다. 프로이트가 이 작품을 분석하기 전 다른 비평가는 이러한 모세의 모습이 영성이 충만한 모습을 드러내는 배치라고 주장했다. 특히 모세가 옆을 바라보고 있는 시선은 "인간적 차원을 넘어서는" 지평을 암시하는 것이라고 주장하는 비평가도 있었다. 그러나 조각의 세부적인 부분에 대한 해석은 비평가마다 달랐다. 프로이트는 미켈란젤로 같은 거장이 다양한 해석이 쏟아질 정도로 모호하게 돌을 조각한 이유가 궁금했다.

프로이트는 모세 상이 독립적 작품이 아니라, 원래는 다른 다섯 개의 조각과 함께 무덤이 올라갈 받침대를 장식할 목적으로 제작되었다는 사실에 주목했다. 모세 상과 짝인 조각은 성 바울 상이다. 미켈란젤로는 성경에 나오는 특정 장면을 재현하기 위해서 조각한 것이 아니었다. 여러 성경 속 인물과 다른, 모세의 성격을 가장 잘 드러내기 위한 장면을 의도적으로 구상해서 조각한 것이다.

다시 모세 상을 보자. 어떤 부분이 가장 모세의 성격을 잘 드러내는가?

프로이트는 수염의 위치와 앉는 자세, 손의 위치를 변화시키며 모세 상에 대한 여러 가정을 재구성해 보았다. 그리고 미켈란젤로가 하필이면 현재의 형태로 조각했는지를 추리했다. 모세는 자리에 앉아 있다. 즉 미켈란젤로는 두 손으로 경건하게 십계명을 받고 시나이 산을 걸어 내려오는 거룩한 모습을 조각하지 않았다. 이것은 확실한 사실이다. 이제부터 해석이 갈린다. 어떤 비평가는 모세가 무슨 일이 생기면 벌떡 일어나 나가기 위해서 옆을 주시하며 앉아 있는 것이라고 주장했다. 성경에 따르면 믿음을 배신하고 죄악을 범하고 우상을 세운 후 춤을 추는 동족의 모습에 충격을 받은 모세에 관한 이야기가 나오기 때문이다. 그 상황에서 모세는 분명 동족의 모습을 경멸했을 것이다. 그래서 화가나 극단적인 행동을 했을지도 모른다. 자리를 박차고 일어나 율법 판을 내던져 부수듯이.

그러나 프로이트는 손과 수염의 위치 등을 세밀하게 관찰하여 모세가 이미 격분한 다음에 분을 삭이며 의자에 앉아 있는 모습이라고 주장했다. 오른손은 율법 판을 움켜쥐지 않았다. 오히려 분노한 자신으로부터 율법 판을 보호하듯이 몸통에 꽉 끼고, 오른손은 자신의 수염을 움켜쥐고 있다. 격정에 휩싸여 일어나면 율법 판은 땅에 떨어져 부서질 수도 있지만, 나름대로 주의를 기울이며 소중하게 다루었다. 모세는 격분한 상태에서도 자신이 맡은 율법 수호의 사명을 떠올렸다. 그래서 율법 판을 어정쩡한 자세로나마 잡을 수 있었던 것이다. 이 자세는 비평가의 눈에 따라 다양한 해석을 하게 하는 모호한 상태에 정지해 있다. 하지만 대가였던 미켈란젤로는 실수로 이 자세를 선택한 것이 아니다. 철저하게 계산한 것이었다. 무덤의 수호자로서 모세를 조각해야 한다면 율법 판을 끝까지 지킨 모습을 잡아내야 했다. 그래서 그것을 드러낼 수 있는 가장 좋은 모세의 모습을 정지 동작으로 표현한 것이다.

그러나 이런 해석에는 중요한 문제점이 있다. 성경에는 실제로 모세가 화를 내고 율법 판을 내던져 부숴 버린 일화가 나온다. 그러니 중세 시대 성당을 건축하고 성화聖畵를 그린 미켈란젤로가 그 정도의 지식도 없었을 리가 없다. 따라서 프로이트는 미켈란젤로가 예술가로서 성경을 자유롭게 해석해서 모세 상을 의도적으로 현재와 같이 조각했다고 주장했다. 그렇다면 성경 속 이야기와 비교하며 작품을 감상하는 것이 아니라, 미켈란젤로의 속마음을 추적하는 방식으로 모세 상을 바라보는 것이 올바르게 작품을 이해하는 방법일 것이다.

프로이트는 다음과 같이 결론을 맺었다. 미켈란젤로가 모세 상을 조각한 것은 율리우스 2세의 무덤을 장식하기 위함이었다. 율리우스 2세는 아주 권위적인 인물이었다. 수염을 휘날리는 모세처럼 말이다. 율리우스 2세는 강력한 것, 큰 것을 좋아했다는 면에서 미켈란젤로와 비슷했다. 그러나 불행히도 권력은 율리우스 2세가 훨씬 강했다. 율리우스 2세는 일정을 무리하게 추진해서라도 자신의 업적을 근사하게 만들고 싶었다. 때로는 격분에 휩싸인 모세처럼 폭력적인 방법을 써서 미켈란젤로를 몰아붙였다. 교황의 급한 성격과 변덕스러움 때문에 미켈란젤로는 몹시 괴로웠다. 그러면서도 미켈란젤로는 자신에게도 교황과 같은 면이 있음을 의식했다. 그러다가 미켈란젤로는 교황이나 자신이 좀 더 신중했다면 깊은 안목을 가질 수도 있었고 상상할 수도 없을만큼 위대한 업적을 이룰 수 있었으리라는 생각을 하게 되었다. 그래서 그는 율리우스 2세의 성격에 대한 비난과 자기 자신의 성격에 대한 충고를 동시에 모세 상에 불어넣었다. 미켈란젤로의 모세 상은 자신의 화를 삭이고 있다. 격분을 이긴 모세처럼, 미켈란젤로는 성숙한 경지로 진일보할 수 있었다. 이처럼 프로이트는 모세 상을 중심으로 미켈란젤로의 성격과 주변인의 관계까지 파악함으로써 예술 작품의 숨겨진 의미를 찾아냈다.

정신분석 비평은 꿈이든 현실의 작품이든 간에 작가의 마음에 무엇이 있는가를 시원하게 펼쳐 보이는 작업이다. 그렇다면 프로이트는 이 '작가의 마음'을 무엇이라고 설명했을까? 프로이트의 에세이 〈창조적 작가와 백일몽〉의 일부분을 살펴보자.

"누구나 어린 시절에는 놀고 싶은 욕망이 있다. 그의 놀이에는 사회적으로 용납되는 것도 있지만 그렇지 않은 것도 있다. 용납되지 않는 욕망은 초자아가 성장하면서 점차 무의식으로 가라앉는다. 그러나 그런 욕망은 성장한 이후에도 절대 포기되지 않는다. 소위 말하는 백일몽이 바로 이에 해당한다. 그런데 그것을 위장하여 사회적으로 보여 주는 사람들이 있다. 우리는 그들을 작가라고 말한다. 창조적인 작가란 사적인 백일몽을 공적인 문학으로 승화하는 사람이다."

만약 미켈란젤로가 교황을 불같은 성격 그대로 공개적으로 비난했다면 어떻게 되었을지는 뻔하다. 미켈란젤로는 예술가의 직관으로 그 많은 성경 속 인물 중에서도 모세를 선택했다. 그리고 그 많은 장면 중에서도 성경과 반대되는 장면을 일부러 만들어 냈고, 교황에 대한 자신의 반감과 비슷한 점에 대한 안타까움, 인간적 성숙을 위한 충고 등을 그 작품에 분출했다. 결국, 미켈란젤로는 공격적 무의식을 예술 작품으로 승화한 것이다.

숨바꼭질하는 꿈

앞서 강조했듯 꿈의 해석은 프로이트의 가장 큰 업적으로 인정받고 있다. 그는 꿈을 인간 정신생활의 연장으로 보았고, 꿈에 숨겨진 무의식의 내용을 밝힐 수 있다고 했다. 프로이트는 꿈을 발현몽manifest dream과 잠재몽latent dream으로 나누었다. 발현몽은 꿈에서 본 내용 그 자체이다. 프로이트의 꿈에서 나이 든 신사를 시중든 것 자체는 발현몽이다. 그리고 잠재몽은 발현몽의 숨겨진 내용이다. 무의식의 소원은 의식에서 용납하기 어려운 것이 많기 때문에 꿈 왜곡을 통해 그 모양을 바꾸어 나타난다. 프로이트는 잠재몽이 형태와 내용을 바꿔 의식으로 떠오르는 것을 발현몽이라고 보았다. 그리고 그것을 꿈 작업dream work이라고 불렀다. 프로이트에게 꿈의 분석은 겉으로 드러난 발현몽manifest dream으로 시작해서, 꿈 왜곡과 꿈 사고의 개입을 고려해서 잠재몽latent dream의 의미에 도달하는 과정이라고 할 수 있다.

꿈의 해석에서 중요한 것은 발현몽의 내용이 아니다. 이면에 숨겨진 무의식의 소원을 밝히는 것. 이것이 바로 꿈의 해석dream interpretation 의 핵심이다. 꿈의 핵심에 도달하기 위해 분석가는 환자에게 생각이 흘러가는 대로 놔두는 자유 연상을 하라고 요구한다. 꿈과 관련해서 생각나는 것을 모두 말하게 하는 것이다.

꿈의 해석을 올바르게 하려면 낮의 잔재day-residues를 밝히는 것도 중요하다. 낮의 잔재는 꿈과 관련된 낮 동안의 사건을 말한다. 예를 들어, 고등학생 서현이에게 어제 꾼 꿈과 관련되어 생각나는 것을 자유롭게 이야기하게 했다고 하자. 서현이는 학교에서 억울한 일을 당하는 꿈을 꾼 이야기를 하다가, 꿈꾸기 전날 낮에 소화불량으로 점심 도시락을 먹지 않았다던 현실 사건을 이야기했다. 정신분석가가 좀 더 자세히 이야기해 달라고 했다. 그러자 서현이는 잠시 머뭇거린 다음, 그날 일을 이야기했다. 도시락에는 어머니가 쓴 쪽지가 있었다. "공부 열심히 해. 사랑한다."라는 내용이었다. 그 쪽지를 보고 서현이는 한숨을 지었다. 사실 서현이는 무의식 중에 어머니의 애정을 거북해하고 있었다. 공부를 더 시키기 위해 격려하는 것 같았고, 나중에 서현이의 성적이 안 좋으면 엄마가 그만큼 혼을 낼 것 같았다. 이렇게 순수한 엄마의 사랑을 의심하는 것은 마음이 편하지 않다. 그래서 소화불량에 걸린 것이다. 소화불량의 원인은 공부에 대한 스트레스에 덧붙여진 어머니에 대한 죄책감이었다. 꿈의 수수께끼를 푸는 법은 그리 어렵지 않다. 자신의 상황을 객관적으로 분석하고, 과거의 기억과 숨겨진 욕망을 추적하면 된다. 그러나 지금까지 프로이트의 꿈에 관한 주장과 관련해서 다음과 같이 반론을 펼 수도 있다.

"심리적으로 가치가 있는 과거에 대한 프로이트의 설명은 받아들일 수 있다. 그렇지만, 심리적으로 무가치한 과거가 꿈의 내용으로 등장하는 경우는 어떻게 해명할 것인가? 우리는 모두 심리적으로 가치가 있는 과거와 재료만으로 꿈을 꾼다고 어떻게 확신할 수가 있는가?"

여러분은 이런 질문에 어떻게 대답할 것인가? 프로이트의 이론을 지지한다면 다음과 같이 대답할 수 있다.

"심리적으로 가치가 없는 것이 꿈에 등장한다는 것은 억지 비판일 뿐이다. 꿈의 특성을 잘 생각해 보라. 꿈은 의식에 있는 자아와 초자아의 검열 때문에 원래 형태로 나타나지 않는다. 즉 자아와 초자아의 눈을 피하려고 원래 강하고 중요하던 것도 약하고 무의미한 것으로 변해서 꿈에 등장한다. 덕분에 무가치해 보이는 요소가 꿈의 내용에서는 중심을 차지할 수도 있고, 이성적으로 보면 앞뒤가 안 맞을 수도 있는 것이다. 그런데 이런 꿈이 만들어지는 기본적 특성을 무시하고 꿈이 사소하기 때문에 문제라고 한다면, 프로이트의 이론을 제대로 이해하지 않고 하는 비판을 위한 비판일 뿐이다. 프로이트가 강조하던 것도 바로 그 사소함에 가치가 있다는 점이다."

꿈의 내용에 대해서는 다음과 같은 비판을 할 수도 있다.

"보통 꿈을 꾸는 동안 창 밖에서 천둥소리가 들리면, 우리는 꿈에서 총소리를 듣기도 하고, 누가 꼬집으면 꿈에서 갑자기 주사를 맞는 식으로 반응한 경험은 있을 것이다. 그렇다면, 이것은 꿈이 프로이트가 말한 것과 같은 복잡한 정신 과정에 의한 것이 아니라, 그저 현재 외부의 자극을 잘못 받아들여서 해석하는 것으로 봐야 하는 것은 아닐까? 굳이 무의식이나 검열 운운하며 복잡하게 설명할 필요 없이, 꿈을 꾸던 당시 가장 인상적으로 영향을 미쳤을 만한 자극을 찾으면 되지 않을까?"

이 비판과 비슷한 내용이 프로이트와 동시대에 살았던 괴짜 수학자이자 작가였던 루이스 캐럴의 《이상한 나라의 앨리스 Alice in the Wonderland》의 마지막 부분에도 나온다.

문득 눈을 뜨니 앨리스는 무릎을 베고 강둑에 누워 있었다. 언니는 앨리스의 얼굴 위로 떨어져 내린 낙엽을 부드럽게 쓸어 내고 있었다.

"일어나렴, 앨리스. 무슨 잠을 이렇게 오래 자니!"

"아, 나 정말 이상한 꿈을 꾸었어!"

앨리스가 말했다. 그리고 앨리스는 언니에게 자신의 이상한 모험을 기억나는 대로 이야기했다. 앨리스의 이야기를 다 들은 언니는 앨리스에게 입을 맞추고 말했다.

"정말 이상한 꿈이구나. 그런데 차를 마시려면 서둘러야겠어. 늦겠는걸."

앨리스는 벌떡 일어나 달렸다. 달리면서 앨리스는 참 멋진 꿈을 꾸었다고 생각했다. 그러나 언니는 조용히 앉아서 앨리스의 놀라운 모험을 생각했다. 그러다가 스스로 꿈을 꾸기 시작했다. 주위의 모든 소리가 앨리스의 이야기 속 주인공들이 내는 소리와 같았다.

언니는 눈을 감은 채 앉아서 자신이 이상한 나라에 있다고 반쯤 상상했다. 그렇지만 다시 눈을 뜨면 모든 게 지루한 일상으로 바뀔 것임을 잘 알고 있었다. 바스락거리는 소리는 하얀 토끼가 달려서 내는 것이 아니라 단지 바람 때문에 나는 소리였고, 찻잔의 달그락거리는 소리는 양의 목에 매달린 방울이 딸랑거리는 소리이고, 여왕의 날카로운 목소리는 양치기 소년의 목소리이기 때문이었다. 그 밖의 다른 이상한 소리가 농장의 바쁜 일상적인 소리로 바뀔 것이다. 가짜 거북의 흐느낌도 먼 곳에서 우는 소의 음매 소리로 바뀔 것이다.

마지막으로 언니는 어린 동생이 나중에 어른이 되었을 때를 상상했다. 어른이 된 동생이 어떻게 지금 같은 단순하고 사랑스러운 동심을 간직할 수 있을지 생각했다. 그리고 다른 아이들을 모아놓고 초롱초롱한 눈망울을 받으며 여러 가지 신기한 이야기를 들려주는 동생의 모습을 생각했다. 어쩌면 그 이야기들 속에 오래전 동생이 꿈꾼 이상한 나라의 이야기가 들어갈 수도 있을 것이다. 그리고 자신의 어린 시절과 행복했던 여름날을 기억하며, 동생은 아이들의 순수한 슬픔을 느끼고, 아이들의 순박한 즐거움 속에 있는 기쁨을 찾아낼 것이다.

캐럴의 이야기를 읽으면 프로이트의 꿈 해석 이론이 복잡한 개념을 갖다 붙인 억지처럼 보인다. 캐럴이 일일이 대응시킨 것처럼 꿈 내용과 원인이 될 만한 외부 사건이 명백하게 있다. 그러므로 그저 간단하게 객관적 사실을 찾으면 되는 것 아니겠느냐는 생각을 할 수도 있다. 그러나 정신분석학자들은 외부 원인이 아닌 내부적·심리적 원인을 찾고자 한다. 앨리스가 꿈을 꾸었다면, 왜 하필 양치기 소년의 소리를 성별과 지위가 다른 여왕의 목소리로 듣게 되었는지를 분석하려고 한다. 다음과 같이 분석할 수도 있다.

앨리스는 막내이다. 그래서 집안에서는 권력이 가장 약한 존재이다. 권력이 가장 약하다는 것은 그만큼 자기가 하고 싶은 것을 다 하지 못하게 억압을 많이 받는다는 뜻이기도 하다. 어른이 시키는 대로 묵묵히 자기 자리를 지키며 일하는 양치기 소년과 앨리스의 상황은 별반 다르지 않다. 어쩌면 대한민국 청소년의 상황과도 다르지 않을 것이다. 그러나 억압이 심하다고 해서 자유를 향한 마음마저 없어지는 것은 아니다. 쉴 새 없이 공부하다가 문득 어른이 돼서 자기 마음대로 하는 상황을 떠올리거나 꿈에서 하늘을 날거나 휴양지에서 쉬는 상상을 하는 것처럼, 사람은 억압받을수록 그 반대 상황을 생각하며 욕망을 분출한다. 그래서 때로는 상상 속이나 현실에서 불현듯 공격적인 성향을 보이기도 한다. 고함을 지르는 붉은 여왕처럼.

캐럴은 어린 시절 가진 억압과 자유를 더 극명하게 보여 주기 위해 앨리스를 평범한 아이보다 더욱 엉뚱한 성격을 가진 여자아이로 만들었다. 앨리스는 이것저것 원하는 대로 행동하고 싶어 한다. 마치 어른 중에서도 최고 권력을 가진 사람처럼. 그러나 그런 상상은 비현실적이라는 것을 앨리스는 경험을 통해 잘 알고 있다. 자유와 억압이 앨리스의 내부에서도 충돌한다. 그것이 이야기에 반영된다. 이드가 그대로 드러나는 환상의 세계에 빠진 앨리스는 평소 성격대로 행동한다. 그러나 앨리스가 갖고 싶은 최고 권력의 상태는 초자아의 검열을 피해 왜곡되어 표현된다. 강력한 힘을 가진 붉은 여왕이 기분 내키는 대로 사람의 목숨을 없애고, 경기 규칙을 바꾸고, 법정의 기본 절차도 무시하는 식으로 나타난다. 그런 붉은 여왕과 앨리스는 서로 철저하게 대립한다. 그리고 앨리스는 자신의 의지를 지켜 내며 붉은 여왕과 싸워서 이긴다. 앨리스는 붉은 여왕으로 상징되는 거짓된 이상 상태에 대한 유혹을 현명하게 극복한 것이다. 환상 세계 속의 어른, 동물 등이 붉은 여왕의 폭정에 숨죽였던 것과는 다르게 말이다. 꿈을 꾼 앨리스는 신 나게 자신이 겪은 일을 이야기했다. 붉은 여왕을 통해 마음대로 하고 싶어 하는 욕구가 대리만족 되었으며, 반대로 자신은 그런 욕망의 노예가 되지 않고 사회적으로 바람직한 방식으로 성숙하게 이겨 냈기 때문이다.

이렇듯 정신분석학자는 《이상한 나라의 앨리스》 이야기가 루이스 캐럴이 암시한 것처럼 꿈이라면 그 속에 어떤 무의식이 녹아 있는지를 추적한다. 꿈의 내용을 무의식적 측면에서 조명함으로써 꿈을 꾼 사람의 심리 상태에 접근한다. 그리고 꿈의 내용에 대한 이런 분석은 외부 조건만 찾았을 때는 알 수 없다.

정신분석 비평가들은 아예 작가의 성격과《이상한 나라의 앨리스》를 연관 지어 분석하기도 했다. 그중에서 캐럴이 앨리스에게 수많은 동물 중 목이 긴 도도새를 안게 했을까에 대한 해석은 충격적이다. 이와 관련해서는 여러 가지 해석이 있다.

첫째, 도도새는 어린 소녀를 광적으로 좋아한 캐럴 자신을 상징할 수 있다. 앨리스 이야기도 평생 독신으로 산 캐럴이 어린 소녀들을 재미있게 해 주려고 만든 이야기임을 생각하면 무리한 해석도 아니다. 도도새는 이야기 속에서 앨리스를 도와주며, 앨리스의 관심을 받는다. 어린 소녀들의 친구로서 캐럴이 바랐던 이상적인 관계가 이야기에 투영된 것이라 할 수 있다.

둘째, 긴 목을 가진 새를 남자의 성기가 상징화된 것으로 생각하는 것이다. 아직 소녀인 앨리스는 의식적으로는 왜 그런지 모르지만, 자신의 가슴 가까이에 자주 도도새를 껴안는다. 왜냐하면, 출생 후부터 갖고 있던 성욕이 잠재기를 거치며 생식기로 넘어가기 직전에 한껏 고조되기 때문이라고 정신분석 비평가들은 말한다. 엉뚱하지만 발랄한 소녀 앨리스를 성욕과 연관시키는 것 자체를 거북해하는 독자가 많겠지만, 정신분석 비평가들은 성 본능을 중심으로 한 프로이트 이론에 따라 한결같이 앨리스를 분석한다. 이런 정신분석 비평은 분명히 성에 치우친 한계점이 있다. 그러나 정신분석 비평은 성 이론을 바탕으로 다른 무의식적 요소를 찾는데 도움을 주기도 한다.

앨리스가 대적하는 붉은 여왕이 수시로 '목을 베라'고 외치는 것도 정신분석 비평가들은 놓치지 않는다. 새의 긴 목처럼 인간의 목도 성기와 관련된 이미지가 변형된 것으로 생각한다. 목을 치는 것, 즉 거세는 남자인 캐럴에게 가장 끔찍한 형벌이다. 그런데 그것을 명령하는 사람이 아버지를 상징하는 왕이 아니라, 여왕인 것에 주목할 필요가 있다. 정신분석 비평가들은 캐럴 부모의 부부 관계가 어머니에 의해 좌우되었음을 밝혀냈다. 캐럴은 어머니 앞에서 쩔쩔매며 자기주장을 못하는 아버지의 모습을 보면서 자랐다. 그런 캐럴의 어린 시절 기억이 어른이 되어 쓴 《이상한 나라의 앨리스》에 투영된 것이라고 정신분석 비평가들은 주장했다. 프로이트 이론을 따르면 오이디푸스 콤플렉스의 위기를 이겨 냄으로써 인간은 성장한다. 그런데 캐럴은 자신이 반항할 대상인 아버지에게 애초 힘이 없었다. 권력은 어머니가 갖고 있었다. 그래서 나이가 들며 화해할 대상인 아버지에게 자아 동일시를 할 수 없었다. 반대로 어머니에 대한 적개심이 커졌다. 어머니에 대한 적개심은 다른 나이 든 여성에 대한 무의식적 회피로 연결되었고 남자로서 성숙하는 것도 방해받았다. 그래서 캐럴은 나이가 들어서도 성숙한 여인과 연애를 못하고 평생 독신으로 살았다. 그러면서 앨리스 같은 어린 소녀들과 어울렸다.

이렇듯 정신분석가들은 꿈의 사소한 소재까지도 놓치지 않고 작품 속에 있는 여러 요소를 바탕으로 그 속에 숨어 있는 작가의 숨겨진 무의식을 찾는다.

여고생이 분석한 꿈

프로이트의 이론을 읽은 여고생 서현이는 자신의 꿈을 분석할 수 있게 되어 기뻤다. 그런데 이번에는 마치 투시 안경을 쓴 것처럼 다른 사람의 마음도 보고 싶어졌다. 특히 자신이 좋아하는 아이돌 가수의 심리를 분석하고 싶어졌다. 그러나 아이돌이 매일 꾸는 꿈이 무엇인지 알 길이 없었다. 그래서 대신 가장 친한 윤아의 심리 분석부터 연습하기로 했다. 서현이는 친구 윤아가 열흘 전에 한 이상한 꿈 이야기를 떠올렸다. 그때는 왜 그런 꿈을 꾸었는지 전혀 이해할 수 없었다. 프로이트를 통해서 보면 달라질까 싶어 서현이는 윤아의 꿈을 분석하기 시작했다. 꿈을 분석하기 위해 일단 윤아에게 들은 꿈 이야기의 내용을 정리해 보았다.

....

윤아는 에스컬레이터를 타고 내려가고 있다. 그런데 윤아가 내릴 차례에서 에스컬레이터가 공중으로 치솟았다. 뒷걸음질치니 에스컬레이터가 다시 제자리로 돌아왔다. 안심하며 발을 내딛자 다시 위로 솟아오른다. 뒤에서 사람들이 수군거리고 있다. "저 사람 차례에만 문제가 생겨. 차라리 사라져 버렸으면……." 윤아는 놀라서 말소리가 나는 쪽을 돌아봤다. 그랬더니 서현이를 비롯한 같은 반 친구들이 서 있었다. 평소 친하게 지낸 아이들이 그런·말을 하다니. 깜짝 놀라 잠에서 깨었다.

....

이 꿈을 어떻게 해석하면 좋을까? 서현이는 머리를 굴렸다.

·······∴· '일단 발현몽은 에스컬레이터를 제대로 타지 못하는 내용이야. 그렇지만 꿈 분석의 핵심은 잠재몽을 파악하는 것이니, 숨겨진 의미를 생각해야 해.'

서현이는 윤아의 무의식이 어떨지를 생각해 보았다. 요즘 윤아의 행동을 보면 공부에 대한 스트레스를 부쩍 많이 받는 것 같았다. 그리고 일주일 전에 성적표를 나눠 줬는데 윤아가 엄마에게 혼났다고 이야기하는 것을 들은 기억이 났다.

·······∴· '꿈은 자신에게 심리적으로 인상적인 사건을 중심으로 구성된다고 했으니, 윤아의 꿈도 공부 스트레스와 관련 있을지 몰라.'

서현이는 윤아 엄마가 했을 말들을 생각해 보았다. 어쩌면 중간고사 성적을 이야기하다가 결국 원하는 대학에 입학하기 어려울 것이라는 이야기를 했을지 모른다. 서현이는 피식 웃었다. 프로이트가 말한 '자신을 다른 사람에게 투사한다는 것이 이런 것이구나.' 하는 생각이 들었기 때문이다. 윤아 엄마에 대한 상상은 서현이 자신의 엄마 모습이 많이 반영된 것이었다. 어쨌든 윤아가 입시 스트레스를 많이 받고 있는 것만은 확실했다. 그런데 성적까지 못 받았으니 엄마가 어떻게 혼을 냈건 간에 윤아 자신이 더 스트레스받았을 것은 확실했다. 여기까지 생각이 미치자 서현이는 좀 더 윤아의 마음에 다가선 것 같아 기분이 좋아졌다. 그러나 꿈 내용을 분석하지 못한 것은 여전했다.

'꿈 재료, 꿈 압축, 꿈 사고, 꿈 왜곡 등 아는 것을 총동원해 봐야지. 그러면 뭔가가 보일 거야.'

이렇게 작정하고 달려드니 정말 새롭게 보이는 게 있었다. 에스컬레이터가 눈에 뜨였다. '꿈 재료가 시각화되면서 왜곡되어, 즉 상징화가 돼서 무의식적인 대상이 에스컬레이터 형태로 바뀌었을 거야. 그런데 에스컬레이터는 무엇을 상징할까?'

답은 쉽게 찾을 수 있었다. 에스컬레이터는 승급이나 성장, 성공을 비유할 때 자주 쓰인다. 서현이는 윤아가 평소 스트레스받던 대학 입시가 에스컬레이터라는 구체적인 사물의 모습으로 바뀌어 나왔다는 것을 알 수 있었다. 그런데 갑자기 에스컬레이터가 공중으로 확 치솟는다는 건 무슨 뜻일까? 잠시 생각한 서현이는 윤아의 성적이 떨어져서 상대적으로 입시 관문이 높아지는 효과가 생긴 것이 이런 꿈을 꾸게 된 원인이라고 생각하게 되었다. 일단 무의식의 문을 열자마자 꿈에 대한 해석이 쏙쏙 잘 풀리는 것 같아 흥분되었다.

'대학 입시와 상관 없는 삶을 살면 그 에스컬레이터가 요동칠 리가 없지. 계단을 택해서 위로 올라가든 아예 다른 길을 가면 되니까. 그런데 시험 성적표를 받았을 때처럼 대학 입시에 대해서 특히 더 생각하게 되는 순간에는 에스컬레이터가 요동쳐. 학생으로서 공부는 해야 하고, 대학도 가야 하는데 왠지 자신은 없고……'

이런 생각이 들자 꿈을 분석했다는 기쁨으로 흥분하는 대신에 윤아가 안쓰러웠다. 윤아는 자기의 불안한 마음이 녹아든 꿈을 꿨는데, 서현이는 꿈의 마지막 부분에 민감해져서 자신은 배신할 타입이 아니라는 말만 했다. '꿈에 숨겨진 윤아의 마음을 미리 알았더라면 좀 더 따뜻하게 대해 주었을 텐데…….' 하고 후회가 되었다.

⋯⋯⋰ '그런데 하필 윤아는 공부에 대한 스트레스 끝에 친구들이 배신하는 꿈을 꾸었을까?'

서현이는 꿈 왜곡에 대해서 생각해 보았다. 방어 기제에 의해서 꿈의 내용이 변형된다는 말을 떠올렸다.

⋯⋯⋰ '윤아는 무엇을 방어하고 싶었던 것일까? 이미 꿈의 핵심은 공부에 대한 스트레스였는데, 왜 우정에 대한 것으로 결론 났을까? 혹시 우정에 대한 것이 아닌 거 아니야? 오호, 그래. 이 꿈은 누가 뭐래도 공부에 대한 꿈이야. 공부에 대한 스트레스를 받고 있었으니 공부를 아주 잘하게 되거나 공부를 하지 않아도 되는 것을 윤아는 무의식적으로 바랐을 거야.'

서현이는 윤아가 평소 자신의 친척 중에 엄친아, 엄친딸이 많다고 푸념했던 것이 떠올랐다. 웬만한 명문 대학을 가서도 칭찬받기 어려울 것이라는 이야기까지 했다. 윤아는 억지로 공부하고는 있지만 자신이 정말 잘해낼 수 있을지 생각만 하면 가슴이 답답해진다고 했다.

'이제야 알았어. 같은 반 친구들의 수군거림은 사실 윤아의 은 밀한 희망 사항이었던 거야.'

생각해 보니 윤아는 평소 속내를 드러내어 자신의 마음을 어느 정도 이야기했었다. 그래서 친한 아이들이 자신의 마음을 알고 있다고 생각했을 것이다. 그래서 다른 친구의 입을 빌려 자신의 욕망을 분출시킨 것이다. 만약 윤아가 적극적인 성격이었다면 스스로 에스컬레이터가 없어지기를 바란다며 꿈에서 마법을 부려 에스컬레이터를 없애 버렸을 것이다. 그러나 꿈에서 아예 공부하지 않기로 선택했다면 아무리 꿈이라고 해도 용납되지 않았을 것이다. 아예 에스컬레이터가 없어지는 것, 즉 대학 입시가 없어지는 것도 현실적으로 불가능한 일이다. 현실적으로 불가능해도 상상하거나, 누군가 공감이 될 만한 이야기를 해 주면 좀 마음이 누그러진다. 그런 쾌락은 모든 것이 가능한 꿈에서는 누릴 수 있다. 단, 평소에 많이 억압된 윤아의 특성상 자아 검열이 있기 때문에 숨김없이 드러내지 못하고 친구의 입을 빌려서 자신의 욕망을 분출한 것이다.

서현이는 결국 친구들의 말이 윤아의 답답함을 풀어 주는 열쇠였음을 깨달았다. 그래서 윤아는 자신의 숨겨진 욕망이 너무도 강해서 밖으로 튀어나왔기 때문에 자아가 깜짝 놀라 잠에서 깼던 것이다. 배신 때문이 아니라. 서현이는 그날 윤아가 웃으며 꿈 이야기를 했던 것을 떠올렸다. 우정의 배신에 대한 생각이 조금이라도 있었으면 그렇게 웃으며 이야기하지 못했을 것이다. 윤아는 자신의 꿈 이야기를 하면서 정말 이상하다고 고개를 갸웃거렸지만, 자기도 모르게 욕망을 분출하며 스트레스를 줄이고 있었다. 표면적으로 드러난 발현몽은 부정적이었지만, 잠재몽에서는 긍정적인 의미로도 읽을 수 있는 요소가 있음을 서현이는 알게 되었다. 서현이는 꿈의 해석은 정말로 오묘하다고 생각했다.

TIP 프로이트가 밝히는, 꿈의 뜻을 쉽게 이해할 수 없는 이유

억압

이성적으로는 인정할 수 없는 욕망을 무의식에 몰아넣는 것이다.
이것은 자아나 초자아가 검열해서 일어난다. 무의식에 억압된 욕망은
꿈을 통해 드러나기도 한다. 그런데 모든 억압이 부정적인 것은
아니다. 성공적인 억압은 욕망의 노골적인 표출을 막고, 다른 예술
작품으로 승화하는 원인이 되며, 사회적으로 긍정적인 방법으로
욕망을 조절해서 적응을 돕는다. 만약 억압하지 않고 자신의 욕망을
분출시키려 한다면 범죄자가 되거나 다른 사람을 상처 주고
후회하며 살 확률이 더 높다.

꿈 재료

말 그대로 꿈의 소재이다. 현실적인 사물일 수도 있고,
환상 속의 가상 물건이나 동물일 수도 있다.
즉 꿈에 나타나는 모든 느낄 수 있는 것이 꿈 재료이다.
프로이트가 말한 바로는 꿈 재료는 사소해 보이는 것도
나름대로 의미가 있어 분석의 대상이 된다.

꿈 압축

꿈을 길게 꾼 것 같아도 사실 잠은 짧게 잔 경우가 많다.
꿈에서는 며칠 동안 벌어진 일이라고 해도 말이다.
이렇듯 사람들은 꿈에서 현실처럼 모든 사건이 전개될 때까지 기다리며
시간을 보내는 것이 아니라, 인상적인 것을 중심으로 사건을 압축한다.
덕분에 짧은 꿈에는 여러 사건이 압축되어 동시에 나타날 수 있다.
혹은 압축해서 나중에 꿈을 기억해 낼 수도 있다. 예를 들어 선생님께
혼나고 있는데, 이성 친구가 갑자기 옆에 등장해서 말을 걸자
둘이 어느새 밖으로 나가 이야기를 하고 곧 저녁이 되어
집으로 향하는 식으로 말이다.

Sigmund
Freud

꿈 사고

꿈에서의 사건이 꿈답게 전개되도록 하는 역할을 담당한다.
꿈 재료를 가공해 압축하고, 자아 검열에 걸리지 않는 수준에서
현실처럼 욕망의 내용을 볼 수 있게 시각화하면서 꿈에 빠지는 것이
꿈 사고 덕분이다. 또한, 꿈을 꾸면서 '이것은 꿈이야.'라고 꿈에서 언뜻
꿈을 인식하게 되는 것도 일상생활 속의 사고와는 다른 꿈 사고 덕분이다.

꿈 왜곡

꿈 사고의 과정에서 사람들은 자아를 지키기 위해 여러 방어 기제 등에
의해 자신의 꿈을 왜곡한다. 그런데 자아가 꿈 사고의 과정에서 심하게
검열할수록 왜곡 정도도 함께 심해진다. 심지어 좋아하지 않는 사람과
다정한 한때를 보내는 꿈을 꾸다 그 충격에 깜짝 놀라 깨기도 한다.
꿈 왜곡 덕분에 꿈의 내용은 뒤죽박죽인 경우가 많다.

04

프로이트 이해를
막는 장벽, 성

성은 엄격한 이성을 강조하던 근대에는 금기시된 단어였다. 성적 욕망을 자연스러운 인간의 본성으로 인정하기보다는, 이성을 위협하는 나쁜 것으로 간주했다. 이런 분위기는 현대까지 이어졌다.

21세기, 성이 자유로워졌다고 하지만 여전히 성적 욕망을 솔직히 드러내거나 성 문제를 공개적으로 다룰 때는 뭔가 자유롭지 못한 기분이 든다. 특히 성은 현대 청소년에게 금기된 단어처럼 느껴진다. 그런데 프로이트는 청소년이 아니라, 아예 탄생 후 유아 때부터 성 욕망이 성격 발달과 정신 성장에 큰 영향을 준다고 주장했다. 사람의 다양한 행동 원인을 성적 욕구의 불만에서 찾기도 했다.

왜 프로이트는 사회적 금기와 싸우며 일부러 성 문제를 그의 이론의 핵심으로 놓았을까?

어린이와 성

어떤 심리학자가 다음과 같이 주장한다고 하자. 사람들은 어떤 반응을 보일까?

"인간은 사춘기부터 성욕을 느끼기 시작하는 것이 아닙니다.
태어날 때부터 성적인 욕망을 갖고 있습니다. 따라서 어린아이들도
성욕을 느끼고 마찬가지로 갓난아기에게도 성욕이 있습니다."

이 말을 듣고 "아, 그래요? 당연한 말씀이에요." 내지는 "듣던 중 반가운 소리네요."라고 할 사람은 거의 없을 것이다. 순진무구해 보이는 아기에게 성욕이라니. 불순한 생각이라며 고개를 저을 것이다.

그러나 백 년도 더 된 1905년에 이런 주장을 한 사람이 있다. 프로이트는 《성욕에 관한 세 편의 에세이》라는 책을 통해 유아에게도 성욕이 있음을 주장했다. 프로이트의 생각이 당시 사람에게 얼마나 혁명적으로 들렸을지, 짐작할 수 있다. 그런데 당대 사람들이 프로이트의 생각을 오해해서 충격을 더 강하게 받은 측면도 있다. 프로이트의 주장은 제목처럼 성욕에 대한 것이지만, 성 문제 자체에 매달리지는 않았다. 우리 삶 속에서 성의 의미를 조명함으로써 자신과 다른 것은 비정상적인 것으로 분류하며 안일하게 대처해 왔던 일반인과 철학자, 성과학자의 게으름을 공격했다. 프로이트는 성에 대한 이론을 통해 성 해방을 주장하려던 것이 아니라, 정상적인 것과 병적인 것, 성적 도착에

Sigmund
Freud

대한 오해의 벽을 허물고자 했다.

　　프로이트가 무의식을 연구하는 과정에서 성을 하나의 주제로 다뤘음에 주목해야 한다. 그리고 꿈을 무의식 연구의 지름길로 생각한 사람이 왜 성을 주제로 연구했는지 생각해 봐야 한다. 프로이트는 꿈에서 시공간을 초월해 우리 욕망이 실현되는 힘의 원천이 무엇일까 추적해 보았다. 그 결과 본능적 에너지인 리비도를 생각하게 되었다. 프로이트에게 리비도는 주로 성적 본능의 에너지를 뜻한다. 그런데 이 에너지는 '에너지 보존 법칙'에 따라 줄어들거나 사라지지 않는다. 그래서 잠을 잘 때도 여러 가지로 형태를 바꿔 가며 리비도가 분출되는 것이다. 덕분에 우리는 갖가지 꿈을 꾸게 된다.

　　프로이트는 가장 본능적인 리비도가 어떻게 형성되는지 의문을 가졌다. 인간은 어머니 몸속에 생겨 자라나 떨어져 나오는 것으로 세상에 태어난다. 그리고 또 한동안 어머니의 품에서 보호받으며 자란다. 그 과정에서 어머니는 나의 모든 것이 되고 나는 어머니의 모든 것이 되어, 나와 어머니 사이에 한 치의 틈도 없이 완전하게 합일된 것이라고 믿는 때가 있다. 이 행복한 시기를 프로이트는 '유아기'라고 이름 붙였다. 프로이트는 이 시기를 출생 후 최대 네 살까지 이어지는 것으로 보았다. 마치 자신이 빈으로 오기 전 엄마와 함께했던 3년을 염두에 둔 것처럼 말이다. 유아기 이후부터 금기와 억압이 일어난다. 억압repression은 용인할 수 없는 충동이나 생각을 무의식으로 몰아 버리는 방어 기제이다. 그리고 인간을 성장시키는 자아의 발달은 바로 이 억압에 달려 있다.

다시 어린이의 성욕 문제로 넘어오자. 프로이트는 어린이도 성욕을 느낀다고 주장했다. 인간은 모두 태어나면서부터 리비도를 가지기 때문이다. 그러나 이런 프로이트 이론에 동의하기 어렵다. 왜냐하면, 우리는 일반적으로 '어린이' 하면 순수함, 선함, 천사 같은 단어를 떠올리기 때문이다. 그러나 어린이들이 순수하므로 성욕을 느끼지 않을 것이라는 생각이 옳은 걸까? 이것과 관련된 일화가 있다.

화가 에곤 실레Egon Schiele는 〈두 소녀two girls〉라는 작품을 그렸다. 그는 어린 소녀들을 유혹해 외설적인 자세를 요구했다는 죄로 실형을 선고받았다. 실레는 이 사건을 두고 훗날 이렇게 반박했다.

"어린아이도 성욕을 느낀다. 우리도 모두 어린 시절, 성적 욕망의 실체를 확인하고 두려워한 기억이 있다. 어른은 아이의 성욕을 인정하지 않고 그들이 성욕을 표현하는 것을 허용하지 않는다. 따라서 그들은 어른보다 더 많이 고통받고 괴로워한다."

에곤 실레의 말은 인간이 리비도를 가지고 태어난다고 주장한 프로이트 이론과 통한다.

인간의 발달 단계와 성

프로이트는 인간의 발달 단계를 구강기oral phase, 항문기anal phase, 남근기phallic phase, 잠복기latent phase, 생식기genital phase의 5단계로 구분했다.

Sigmund
Freud

프로이트는 이 중 특히, 초기 단계가 인간의 일생에 미치는 영향이 크다고 생각했다. 생식기 단계는 청소년기이다. 프로이트가 인간의 정신적 발달을 청소년기까지만 기술한 걸 보면, 청소년기의 성장이 전체 인간 발달에서 차지하는 중요성이 어느 정도인지 가늠할 수 있다.

프로이트는 단계마다 이드, 자아, 초자아가 각기 다른 자각 수준의식, 전의식, 무의식에서 그 기능을 담당한다고 보았다. 그런데 이런 발달 단계를 나누는 기준이 리비도가 집중되는 신체 부위라는 것에 주목해야 한다. 프로이트는 성적 에너지가 인간 발달에 중대한 영향을 미친다고 생각한 것이다. 각 발달 단계의 특징은 다음과 같다.

1) 구강기 0~18개월

구강기口腔期의 아기는 자기와 대상을 구별하는 능력이 없다. 그래서 자신의 손을 골똘히 보거나, 마치 다른 사물인 것처럼 만지작거리기도 한다. 그러나 가장 큰 특징은 뭐든지 입에 집에 넣고 보는 행동 패턴이다. 구강기는 리비도가 입에 있어 먹고 삼키고 핥고 빠는 욕구가 입에 집중되는 단계이다. 리비도가 입, 혀, 입술 등 구강에 집중되어 있어 먹는 행동을 통해 만족과 쾌감을 얻는 시기라고 프로이트는 주장했다. 엄마의 수유나 뽀뽀 등을 통해 구강 만족이 되면 신뢰가 깊고 낙관적인 성격이 된다. 반대로 구강 만족을 얻지 못하면 다른 사람을 불신하고 불안감이 생긴다. 그래서 계속 다른 사람에게 의존하고, 자기 욕구 충족만 주장하는 이기주의에 빠지기도 한다. 보통 '우리 아이는 젖을 일찍 떼서 그런지 다른 사람에게 정이 없고 불안정해.' 하는 식으로 엄마들이 말할 정도로 구강기와 성격 형성의 관계는 비교적 뚜렷하다.

한편 발달 단계에서 심리적으로 성숙하지 못하고 그 단계에 머무는 것을 '고착fixation'이라고 한다. 그런데 구강기에서 발달하지 못하고 성장이 고착된 경우, 좋지 않은 습관으로 문제가 된다. 구강기 고착은 손가락 빨기, 과음, 과식, 과도한 흡연, 수다, 손톱 깨물기와 같은 것이 있다. 재미있는 것은 이것을 주장한 프로이트가 과도한 흡연으로 평생 수술을 수차례 받았음에도 금연을 못했다는 것이다.

2) 항문기 18개월~3세

운동 근육과 신경이 발달하면서 아이의 관심은 구강에서 항문으로 이동한다. 이 시기는 어머니의 지시로 대소변을 가리는 훈련을 하는 때이다. 대소변 가리기에 성공하면 칭찬을 받아서 자신이 자랑스럽고 즐겁다. 반대로 실패하면 수치심을 느끼기도 한다. 항문기肛門期 아이의 성격 형성은 배변 기관인 항문을 중심으로 이뤄진다. 그렇다 보니 항문 감각이 가장 예민하다. 덕분에 항문기의 아이들은 배설할 때 항문 점막에 가해지는 자극에 쾌감을 느낀다. 혹은 배설할 때보다도 오히려 변이 체내에 머물러 있음으로써 발생하는 찌릿찌릿한 자극으로부터 쾌감을 얻는 수도 있다.

대소변을 어떻게 가리느냐에 따라 성격도 달라지는데 부모에게 두려움을 느끼면 복종의 길을 선택한다. 그래서 청결, 질서, 복종, 정확성을 중시하는 성격이 된다. 이게 정도가 지나치면 무엇이든 쌓아두는 구두쇠가 되거나, 강박적으로 고집부리며 꼼꼼해지기도 한다. 결벽증을 보이는 것이다. 반대로 대소변을 가리면서 부모와 마찰을 일으키는 것에 익숙해지면 아이는 불결, 무질서, 분노, 반항을 좋아한다.

3) 남근기 3~6세

남근기男根期는 프로이트가 가장 중시한 단계인 만큼 설명도 가장 길다. 남근기가 되면 어머니에게 전적으로 집중되던 인간관계의 관심이 아버지나 형제자매까지 확대된다. 그리고 자신의 몸, 특히 성기를 가지고 만지작거리며 놀 때 재미를 느낀다. 남자아이는 재미를 주는 성기에 관심을 두고, 오줌을 눌 때 외에도 성기에서 쾌감을 얻으려고 하며, 성기를 스스로 자극하기도 한다. 이 시기가 되면 아이는 남녀의 성기가 다르다는 점에 관심을 두며, 어떻게 아이를 낳는가를 질문하는 등 성적 호기심을 보인다. 프로이트는 이 시기의 남자아이들이 거세 공포castration complex를 느낀다는 사실을 강조했다.

프로이트는 이 시기의 남자아이는 원래는 여자아이에게도 페니스penis가 있었는데 잘렸다고 생각하고, 자기도 성기를 자주 만지면 그것이 잘릴지 몰라 두려워한다고 주장했다. 그리고 여자아이도 자신이 페니스를 가지고 있었는데 그것이 잘렸다고 생각하며 페니스를 가지고 싶어 하는 남근 선망penis envy을 보인다고 주장했다. 이렇게 프로이트는 여성이 남성보다 못해서 부러워하는 존재인 것처럼 이론을 펼쳐

프로이트 이해를 막는 장벽, 성

여성 차별주의자라는 비판을 받았다. 그러나 프로이트는 끝까지 남성을 중심으로 한 성 이론을 바꾸지 않았다. 프로이트는 자신의 경험뿐만 아니라, 환자였던 어린 한스Hans의 치료 사례를 통해서 직접 거세 불안을 확인했기 때문이었다.

한스는 당시 다섯 살짜리 소년이었는데, 아주 영리했다. 그런데 왜 자꾸 불안해하고 우울해하는지 이유를 알 수 없었다. 관찰 결과 어린 한스가 동물의 성기에 관심이 많은 것을 확인할 수 있었다. 그런데 한스가 세 살 때 혼자 성기를 만지며 노는 것을 보고 엄마가 이렇게 나무랐다고 한다.

"그런 짓 하면 고추를 잘라 버릴 거야."

프로이트는 이 말 때문에 한스에게 거세 공포증이 생겼고, 나이가 들면서 자꾸 불안해하고 우울해진 것으로 생각했다. 문제를 분석한 프로이트는 어머니의 따뜻한 위로와 주변 인물의 도움 등을 통해 한스를 치료했다.

프로이트는 한스를 치료하면서 남자아이는 어머니와 아버지 사이에 만들어지는 삼각관계로서의 '오이디푸스 콤플렉스Oedipus complex'가 남근기에 나타난다는 생각을 강하게 가졌다. 그리고 여자아이는 오이디푸스 콤플렉스와 유사하게 '엘렉트라 콤플렉스Electra complex'가 있다고 주장했다. 그리고 이들 콤플렉스에 대처하는 방식에 따라 양심이나 자아 이상을 발달시켜 어른으로 성장하며 변화에 적응할 수 있다고 주장했다. 이 콤플렉스에 대해서는 이 책의 다음 장에서 별도로 자세히 다루기로 하겠다.

4) 잠복기 6~12세

잠복기潛伏期는 주로 초등학생에 해당하는 시기이다. 이 시기의 아이들은 본격적으로 성에 대한 관심을 두지 않는 것으로 보인다. 그런데 프로이트는 겉으로만 그렇게 보일 뿐, 성적 욕구가 억압되어 성적 충동이 잠재되어 있고, 그렇기 때문에 뚜렷한 성적인 변화를 보이지 않는다고 주장했다. 따라서 이 시기에는 성적인 측면이 아니라 지적 탐색 활동을 활발히 한다. 그런 경험을 하며 사회화하는 과정에서 자아가 자라고 이상이 만들어진다. 덕분에 장래 희망에 대한 생각이 대통령, 소방관, 연예인 등으로 수차례 바뀐다. 그런데 이 시기에 욕망이 너무 억압되면 성에 대한 혐오감, 수치심 등을 갖게 된다. 이 시기에도 성 에너지는 잠재될 뿐 완전히 없어지지는 않기 때문이다.

5) 생식기 12세 이후

사람의 성장 속도에 따라 초등학교 고학년 때 신체가 급성장하며 생식기生殖期 단계가 시작되기도 한다. 그러나 대부분 중학교 입학 즈음에 신체적으로나 정신적으로 청소년기에 본격적으로 돌입한다. 프로이트가 청소년기라는 용어 대신 생식기라는 표현을 굳이 쓴 이유는 청소년기를 올바르게 지나면 성인의 신체와 마음을 온전히 갖게 되기 때문이다.

프로이트 이해를 막는 장벽, 성

청소년기에 접어들면 성호르몬 분비가 눈에 띄게 증가하며 제2차 성징이 나타난다. 여자는 월경을 하고, 남자는 정액을 사정하면서 잠복기에 있던 성 충동이 훨씬 강해진다. 그래서 때로는 성기의 직접적 자극으로 쾌감을 얻으려는 쾌락주의에 빠져 불안정한 삶을 선택하기도 한다. 반대로 이성에 대한 성숙한 사랑이나 종교에 의지함으로써 성적 충동을 극복하기도 한다.

외양이 성인처럼 바뀐 청소년은 그동안 전적으로 의존했던 부모로부터 독립하려고 한다. 그 과정에서 이유 없는 반항을 하기도 하고, 반대로 자신이 원하는 것을 다 들어주기 바라는 의존적 욕망을 갖게 되어 갈등을 일으키기도 한다. 그러다가 관심이 부모에서 친구로, 친구에서 이성으로 옮겨 가면서 성적 주체성이 확실히 생기는 경우도 있다. 혹은 이렇게 변해서 갈등을 일으키는 자기 자신은 누구일까를 고민하다가 자아 주체성을 확립한다.

프로이트는 그동안 눌러 왔던 성에 관한 관심과 충동이 청소년기에 증가하기 때문에, 남근기에 느꼈던 오이디푸스 콤플렉스가 다시 나타나서 소년은 아버지와의 갈등이 심해지고 소녀는 어머니와의 갈등이 심해진다. 그러다가 자신과 성별이 같은 부모와 동일시하면서 성숙해지고, 차츰 성인으로 독립하게 된다고 주장했다.

지금까지 프로이트의 인간 발달 이론에 대해서 살펴보았다. 프로이트는 각 발달 단계별로 욕망이 다르며, 그 욕망을 어떻게 충족하느냐에 따라 성격과 성장의 결과가 달라진다고 보았다. 그런데 이 발달 이론에는 리비도의 개념이 생애 첫 단계인 구강기에서부터 쓰이고 있다는 점이 눈에 띈다. 이렇듯 프로이트는 성욕은 사춘기에 갑자기 눈뜨게 되는 것이 아니라 태어났을 때부터 갖고 있는 것이라고 생각했다.

프로이트는 아기는 리비도를 갖고 태어나기 때문에 신체의 어느 부위를 자극해도 쾌감을 얻을 수 있다고 생각했다. 다만 연령대 별로 쾌감을 가장 많이 얻을 수 있는 부위가 다르다고 생각했다. 그리고 구강기의 유아가 어머니의 젖을 빠는 것도 일종의 성적 행동이라고 보았다. 이렇듯 리비도를 특정 신체와 연관지어 말함으로써 '성욕'을 구체적인 성행위에 대한 것이 아니라 성감性感이란 말에 가깝게 표현했다. 그러나 비판자들은 프로이트가 말한 성욕을 어른으로서 하는 구체적인 성행위에 대한 욕구로 오해한다. 이것이 프로이트 이론을 이해하기 어렵게 만드는 가장 커다란 걸림돌이다.

프로이트는 쾌감과 생식을 구분했다. 종족 번식을 위해 성기를 삽입하는 성행위를 하지 않고도 인간은 애무나 키스 등으로 쾌감을 느낄 수 있으며, 이런 성행위가 아닌 쾌감에 대한 욕망도 엄연한 성욕이라고 생각했다. 이 밖에 프로이트의 이론은 생애 초기의 성적인 영향력을 강조하고 다섯 살 이후의 설명은 상대적으로 많지 않은 것이 특징이다. 프로이트의 인간 발달 이론에는 '고착'이라는 중요한 개념이 나온다. 프로이트는 리비도가 단계를 거치는 동안 원만하게 발달하지 못하면, 각 단계에서 다음 단계로 자연스럽게 넘어가지 못하고 그전 시기의 특정 대상에 집착하면 고착이 나타난다고 보았다. 고착을 보이는 사람은 과거의 대상에 지나치게 많은 에너지를 투입한 나머지, 에너지 낭비로 말미암은 좌절감으로 고통받는다. 그래서 여러 심리적 문제를 겪는다고 보았다. 한편, 발달 단계 중도에 발달이 중지되는 '퇴행 regression, 退行'도 있다. 퇴행은 리비도가 점차 발달했다가 되돌아가는 경우를 말한다. 이상 성욕이나 신경증이 이에 속한다.

　'고착'의 개념을 이해하기 위해서는 유아기의 성을 살펴볼 필요가 있다. 갓 태어난 아이에게 있어 어머니는 어떤 사회적 금기도 없는 온화한 낙원이다. 그러나 이런 낙원은 아이의 환상일 뿐이라는 사실에서 비극이 시작된다. 어머니라는 존재는 아이의 충만한 세상이기도 하지만, 아버지의 연인이기도 하고 동생의 연인이기도 하다. 그럼에도 아이는 둘만의 낙원에 대한 믿음을 단념하지 않는다. 그런데 애초에 낙원에 있는 듯한 기분을 느끼게 할 성적 충동의 대상은 정해져 있지 않다. 그렇다 보니 어떤 사람은 이성에게 성적 충동을 느끼고, 어떤 사람은 자신을 성적 충족의 대상으로 삼아 자위하기도 하고, 동성을 성적 충족 대상으로 삼기도 한다. 이렇듯 성욕을 충족시킬 방법은 다양하다. 프로이트는 정상적인 성욕이라는 것도 여러 성적 충족 대상에 대한 욕구 중 하나일 뿐이라고 프로이트는 생각했다. 그는 특히 사람들이 위험 부담을 무릅쓰고 하필 사회적으로 금기시된 성도착에 빠지는가에 관심을 두었다. 동성애 homosexuality, 가학증 sadism, 피가학증 masochism 등은 이상 성욕으로 분류되어 사회적으로 금기시되는데도 왜 없어지지 않는가에도 관심을 두었다. 어쩔 수 없이 이상 성욕에 빠지게 하는 강력한 힘을 밝혀낸다면 인간의 마음과 사회의 운영 원리에 대한 비밀을 알게 되리라 생각했다.

사회와 성

문명이 발달하면 합리적인 교육이나 개화를 통해서 성도착이 줄어들고 인간은 안락한 삶을 살 것으로 생각한다. 그러나 이것은 이성理性이 만들어 낸 허구이다. 인간은 문명화된 교육에 따라 본능을 억누르며 스스로 세뇌시킨 것뿐이다. 따라서 문명이 발달해도 성욕은 형태를 바꾸어 존재할 뿐 절대로 줄어들지 않는다. 정신적 에너지인 리비도의 총량은 에너지 보존 법칙을 따르는 물리적 에너지처럼 보존된다. 그래서 눈에 보이지 않아도 어딘가에는 있다. 문명이 발달할수록 비밀스러운 성이 자꾸만 늘어 가는 이유이다. 인간은 새로 만들어진 사이버 공간에서도 성적인 대화를 하고, 야한 사진을 보고, 포르노 물을 교환하고, 사이버 섹스까지 즐긴다.

그리고 교육이 대중화되어도 성도착증 환자는 줄어들지 않는다. 오히려 더 증가하고 있는지도 모른다. 초자아에 의해 억눌리는 성은 금기되지만 사라지는 게 아니고 은밀하게 변해 더 강한 쾌감을 준다. 이런 식으로 쾌락 원칙은 현실 원칙에 의해 점점 설 자리를 잃고 주변으로 물러나는 듯 보이지만, 사실은 형태를 달리하여 성도착이란 이름으로 여전히 존재한다. 프로이트는 그의 이론 전개 과정에서 자연스럽게

프로이트 이해를 막는 장벽, 성

성도착 문제를 연구할 수밖에 없었다. 프로이트는 동성애도 성도착의 하나로 보았다. 물론 최근에는 동성애에 대해서 상대적으로 관대한 자세를 취하게 되었지만, 마치 성 해방론자인 것처럼 오해를 받는 프로이트가 동성애를 성도착으로 분류했다는 것은 프로이트의 이론이 일반적 예상보다 보수적이라는 사실을 드러낸다.

프로이트는 동성애는 교육 수준과 무관하다고 보았다. 사회에서 동성애 금지 교육을 받은 교양 있는 사람 사이에도 동성애가 존재하기 때문이었다. 선천적 요인이나 교육, 환경 문제가 아니라면 무엇이 동성애를 만드는 것일까에 대해 프로이트는 생각했다. 프로이트는 '혹시 인간은 원래 양성적 존재가 아닐까?'라는 고민을 시작했다. 이는 애 제자 카를 구스타프 융Carl Gustav Jung과의 관계에서 경험적으로 얻은 가설이었다. 프로이트는 일평생 부인 마르타만 사랑한 지극히 평범한 이성애자였다. 그러나 융과 사이가 멀어질 때마다, 프로이트는 갑작스럽게 기절했다. 프로이트는 이 기절을 자신이 가진 무의식의 동성애적 욕망과 연관 지어 설명했다.

프로이트는 해부학적, 심리적으로 인간은 원래 양성이었는데 사회가 단성, 즉 특정한 성별을 선택하도록 억압했다고 생각했다. 인류의 보존과 노동력 향상을 위해 사회는 남녀가 합법적인 결혼 제도를 통해 아이를 낳아 양육하도록 가르쳤다는 것이다. 더 나아가 문명은 이성 간의 사랑만이 옳은 것이라고 훈련시켰다. 그렇지만 프로이트가 중요시했던 무의식에 지대한 영향을 미치는 자발적 성애의 단계에는 남녀의 구별은 없다. "리비도는 하나"였다. 결국, 동성애는 남녀의 구별을 인지하지 못했던 시기, 행복했던 유아기로 돌아가고 싶은 마음이 작용한 결과라고 프로이트는 생각했다. 누구나 유아기로의 퇴행을 꿈꾸지만, 동성애는 그 마음이 이상 성욕으로 나타나는 것이라고 생각했다.

　　이처럼 프로이트는 동성애를 '억압'을 뚫고 유아기의 성으로 돌아오는 '퇴행'으로 설명했다. 그리고 정상인의 발달 과정도 자신의 이론으로 설명했다. 정상인과 비정상인을 모두 설명할 수 있는 원리로 리비도를 생각한 것이다. 학자로서 개인의 성격과 사회 현상 모두를 설명할 수 있는 핵심 개념을 찾았다고 여긴 프로이트는 성에 매달릴 수밖에 없었다.

성은 억압되었는가?

성을 통해서 인간과 사회를 다룬 대표적 학자로는 미셸 푸코
Michel Foucault가 있다. 푸코는 1926년 프랑스의 프와티에에서 태어나, 철학,
심리학, 정신 병리학 등을 공부하며 자신의 독특한 지식 세계를 형성했
다. 특히 니체Nietzsche, 하이데거Heidegger, 바슐라르Bachelard 등 다양한 철학
자의 영향을 받았다. 이쯤 되면 엄청난 천재의 모습을 떠올리기 쉽다.
그런데 푸코는 전통적인 의미에서 천재와는 거리가 있었다. 프랑스 수재
들이 모인다는 고등사범학교에도 떨어졌다. 100등까지 뽑는 필기시험
에서 운명의 장난처럼 101등을 한 것이다. 새옹지마塞翁之馬라는 고사처
럼, 대신 푸코는 앙리 4세 고등학교에 입학해서 헤겔 철학의 권위자에
게 잠시 철학 수업을 받는 행운을 얻기도 했다. 재수 끝에 입학시험을
다시 치른 푸코는 고등사범학교에 4등으로 합격했다. 그렇게 힘들게 들
어갔지만, 주체할 수 없는 광기표氣 덕분에 보건실에 주로 머물러 있느라
푸코는 학교를 제대로 다니지 못했다.

푸코는 서점에서 책을 훔치거나 건물 지붕에 오르는 등 기이한
행동을 했다. 소년 시절에는 금붕어가 되고 싶어 하고, 여자의 치마 같
은 긴 옷을 입고 노래를 부를 수 있다는 이유로 소년 성가대 활동을 하
는 등 푸코는 확실히 이상한 취향을 가진 인물이었다. 그는 어른이 된
후 레더 퀸Leather Queen이 되었다. 레더 퀸은 가죽옷을 입고 여성 역할을
하는 남성 동성애자를 뜻하는 말이다. 푸코는 개인적인 측면에서도 성
에 관심이 있을 수밖에 없었다. 하지만 개인적 욕구 때문만은 아니었다.

Sigmund
Freud

근대 철학의 한계가 드러나고 기존 사회의 한계에 대한 비판적 기운이 철학에 움트기 시작하면서 푸코는 자신의 철학적 지평을 보여 줄 주제로 성을 선택했다. 그런 개인적이자 학문적인 관심을 정리해서 만든 책이 《성의 역사 Histoire de la sexualité》이다.

《성의 역사》는 총 3부작으로 되어 있다. 그리고 각 권은 각각 다른 부제목을 갖고 있다. 제1권은 '지식의 의지 La volonté de savoir', 제2권은 '쾌락의 활용 L'usage des plaisirs', 제3권은 '자기에의 배려 souci de soi'이다. 이렇듯 다른 세부 주제로 총 3부작이 이루어졌지만, 역시 《성의 역사》를 관통하는 것은 성 문제이다. 그런데 일반적인 예상과 다르게 푸코는 이 책에서 "성은 억압되지 않았다"고 주장했다. 오히려 성은 억압보다는 잘 관리되어 온 선동의 역사임을 강조했다. 권력의 필요로 성이 억압된 것처럼 선동되어 마치 성이 '억압의 역사'를 가진 듯이 보인다는 주장은 낯설다. 하지만 제1권 제1장의 '우리들, 또 다른 빅토리아 왕조 사람들'에서부터 인용되는 사례를 차분히 읽다 보면 실제로 권력이 선동한 세부적인 성의 역사를 쉽게 이해하게 된다.

빅토리아 시대 Victorian era는 영국의 빅토리아 여왕이 통치하던 1837년부터 1901년까지의 기간을 말한다. 이 시기에 산업 혁명과 외국 식민지 건설이 절정에 달하면서 영국은 전성기를 맞았다. 경제적으로는 급속하게 풍족해지고, 생활 양식도 급격하게 변했다. 그런데 성적으로는 억압적이었다. 남들이 보는 앞에서 애정 행위를 하는 것은 금기시되며, 성은 합법적으로 아이를 낳을 수 있는 부부 사이의 일로 축소되었다. 프랑스의 철학자인 푸코는 왜 하필 자본주의가 발달하기 시작한 영국에서 이런 성적인 억압이 일어났는지에 주목했다. 그 결과 그는 다음과 같이 결론 내렸다.

"성행위가 그토록 엄격하게 억압당하는 것은 성행위가 전반적이고 집약적 노동력의 동원과 양립할 수 없기 때문이라는 것이 점점 뚜렷이 나타났다. 노동력이 조직적으로 착취되는 시대에 노동력을 생산할 수 있도록 허용하는 최소한으로 쾌락을 한정하는 것 이외에 다른 쾌락을 허락해 노동력이 허비되는 것을 용인할 수 있을까?"

사람들이 즐거움을 주는 쾌락에 빠지면 지루한 노동에 관심을 두지 않거나 과도한 성행위로 몸이 상해서 노동을 잘할 수 없어서 자본주의 발달을 위해서 성을 억압했다고 푸코는 생각한 것이다. 성병에 걸리면 노동력에 문제가 생기므로 사회적으로 매춘녀의 위생을 관리하기도 했다. 그런데 푸코는 여기에서 생각을 한 번 더 창의적으로 발전시켰다. '철학자로서 푸코 자신처럼 사회 구조를 고민한 것이 아닌 일반인도 일상적으로 왜 성을 억압했다고 쉽게 생각하는 것일까?'

푸코는 성에 관해 이야기하는 것을 금기시하는데도, 이상하게 성에 관한 이야기가 끊이지 않는 이유가 궁금했다. 특히, 자본주의가 발달한 영국이나 유럽에서 왜 갑자기 성이 정신분석학뿐만 아니라 위생학이나 유전학 등 여러 과학 연구의 대상이 되고, 학교, 군 막사, 감옥, 병원, 정신 병원 등의 기관에서 성을 금지하거나 허용하면서 세심한 규칙이 정해지는 등, 오히려 성에 대한 논의가 더 활발해졌는지 고민했다.

그 결과 사람들이 알고 있는 지식이나 인식과 권력이 긴밀한 관계가 있음을 깨달았다.

모든 학문은 나름대로 인간과 사회를 관찰한 결과 나름의 결론을 내리고 있다. 또한, 그 학문은 공장, 학교, 병원, 법원 등의 각종 사회적 기관에 운영 원칙을 제공하면서 사람들의 일상생활에 큰 영향을 미치고 있다. 그런데 이때의 운영 원칙은 허용되는 것과 허용되지 않는 것, 즉 정상과 비정상을 나누는 것이었다. 학문이 중시했던 이성은 보편적인 것을 추구하기 때문에 시대를 통틀어 공통적인 정상과 비정상이 있어야 했지만, 푸코가 조사한 결과 역사적으로 광기, 변태 등 비정상에 대한 정의는 달랐다. 중세에는 특정 부분에 대한 입맞춤이 변태로, 여성이 남성 위에서 성행위를 하거나 자위하는 것이 비정상이어서 고해의 대상이었지만, 근대 이후에는 더 이상 그렇지 않은 식으로 말이다. 진정 보편적인 정상과 비정상의 구분은 없었다. 다만 그때 상황에 따라 비정상을 나누는 한시적인 기준이 있었을 뿐이다. 푸코는 비정상과 정상이 정해지면 언제나 정상인이 비정상인에게 권력을 휘두르는 것에 주목했다. 상대적으로 자신을 정상에 가까운 인간이라고 생각한 어른은 아직 온전히 성장하지 않은, 즉 비정상의 상태인 어린이와 청소년에게 성행위에 대해서 18세기 때부터 자세히 교육한 것도 권력의 한 모습이라고 푸코는 생각했다.

푸코는 의학, 정신 의학, 형사 재판소 등의 자료를 자세히 살펴보았다. 19세기 이전에는 주로 교회의 고해나 병원에서 자위나 신경증

프로이트 이해를 막는 장벽, 성

의 문제 등을 중심으로 성을 다루다가, 프로이트가 태어난 19세기 중엽에는 미성년자의 능욕, 사소한 성적 도착 행동까지 재판할 정도로 권력 기관이 나서서 성을 다루었다. 또한, 위험에 처할 수 있는 청소년의 성을 미리 검열하며 사후 보호와 예방을 시도하는 여러 조치도 시행되었다. 그러면서 사회의 다양한 요소가 통제적으로 바뀌면서도 규칙을 강조하여 오히려 성행위에 대해서 예민하게 의식하는 모순적인 상황이 벌어졌다. 이런 상황을 놓고 푸코는 "근대 사회는 성행위를 어둠 속에 머물도록 한 것이 아니라, 근대 사회가 성행위를 '전형적' 비밀로 내세움으로써 언제나 성행위에 관해 말할 수 있도록 했다."라고 정리했다.

18세기 말까지는 성행위는 결혼과 관련된 것이었고, 부부의 성행위에도 온갖 규칙이 강조되었다. 이에 비해 당시 청소년 성범죄나 동성애에 대해서는 세부적인 지침이 없었다. 마치 굉장히 엄격한 척했지만, 사실은 금기된 것에 맘껏 침투할 수 있도록 허용했던 것이다. 즉 성과 관련된 문제는 권력의 선택 문제였다. 그러므로 푸코는 성의 문제를 권력의 문제로 볼 것을 강조했다.

푸코는 권력이 당위성이 아니라 임의적인 통제에 따라 작동한다고 생각했다. 그래서 어느 권력이나 도덕적으로 완벽한 이상을 이야기하지만, 결국 특권과 예외, 비리 등을 저지른다고 지적했다. 그런데 권력의 통제는 시간이 갈수록 좀 더 간악해져서 권력자의 억압으로 보이는 것이 아니라, 합리적인 다수의 사람이 선택한 것처럼 보이도록 바뀌었다. 대표적인 것이 성의 문제로, 사람들은 명백한 통제가 없어도 성에 관해 이야기할 때 스스로 경계를 그으며 금기를 생각하게 되었다.

푸코는《성의 역사》에서 프로이트 이론의 한계를 지적했다. 프로이트와 푸코의 가상 대담을 통해 사회와 성의 문제를 좀 더 세밀하게 살펴보자.

푸코
프로이트 선생님. 여전히 담배를 많이 태우시는군요. 대담할 때는 좀 꺼 주시겠습니까? 집중하기가 어렵네요.

프로이트
내가 무의식에 대해서 안다고 해도
이 욕망을 의식적으로 제어할 수는 없군.

푸코
하지만 그것은 핑계가 아닐까요? 금연이 어렵기는 하지만
실제로 담배를 끊는 사람이 많지 않습니까? 선생님 같은
금욕주의자이면서 이성주의자가 성에 관한 이론을 펼친
것도 의외이지만, 계속 담배에 집착하시는 것도 의외입니다.
어쩌면 구강기에 대한 고착이 아니라, 자신의 무의식 이론이
얼마나 강력한지 보여 주고 싶은 현실적 계산 때문에
담배를 못 끊는 것일 수도 있지요.

프로이트
청소년이 담배가 진정 좋아서가 아니라, 누군가 자신에게
관심을 기울여 달라고 호소하고 싶은 마음 때문에
흡연한다고 비판하는 것처럼 내 행동을 평가하는 듯하군.
어떤 사람은 내가 권위 있어 보이려는 무의식적인 욕망

때문에 담배를 끊지 못한다고도 하지. 둘 다 바람직하지 못한 의사소통을 목적으로 담배를 피운다는 비판은 똑같네. 하긴 내가 유대 인으로서 사회에서 억압을 많이 받다가 학계와 대중이 주목하는 이론을 내놓았으니, 그만큼 집착했다는 가설이 맞을 수도 있겠지. 나중에 한번 진지하게 생각해 봄세. 약속의 표시로 담배는 대담 중에 피우지 않겠네.

푸코

오늘 제가 선생님께 드릴 비판은 흡연에 대한 비판보다 근본적입니다. 선생님은 성이 사회적으로 억압되었다고 보시지요?

프로이트

그렇지. 그 억압에서 개인 행동이 나오고, 그 억압을 해결하려고 문명이 만들어지는 게야.

푸코

저는 바로 그 점이 잘못된 가정이라고 생각합니다. 선생님은 마음의 심층을 다루려고 무의식의 개념을 탐구하셨으면서도, 성과 관련된 사회의 표층이 아닌 심층의 흐름을 찾는 데에는 실패하셨습니다. 성은 억압된 것이 아닙니다. 표면적으로 억압된 것처럼 보일 뿐이지요.

프로이트

나도 자네의 책 《성의 역사》를 보았네. 전체 네 권으로

Sigmund
Freud

기획되었는데, 3권에서 멈추었지. 그리고 그나마 세 권도 완벽하게 완성한 것은 아니라고 들었네. 그래서인지 좀 장황하더군. 특히 자네의 책은 서양의 역사를 다루고 있지만, 사실은 은밀하게 동양의 책을 너무 많이 본 것 같아. 중국의《소녀경》이나 인도의《카마수트라》,《탄트라》 같은 책 말일세. 그렇지 않고서야 정조대, 코르셋 등 성을 통제하기 위해 과학 기술을 이용한 서구의 역사를 놓고 거꾸로 성은 선동되고 증폭된 역사를 갖고 있다고 주장했을 리가 없지.

제가 아까 금연을 부탁할 때 청소년의 흡연을 비판하는 것과 같다고 생각하시더니, 선생님의 무의식이 작용한 반론 같네요. 제가 몰래 다른 책을 보고 선생님과 다른 이론을 펼친 것이라고 헐뜯으시다니 말입니다. 저는 겉으로 드러난 몇 가지 사실이나 사건이 아니라, 종교와 학문 등 사회 전체의 신념을 움직이는 흐름을 살펴보았습니다. 그러다 보니 성적 행동과 관련된 사회 규범을 사람들의 마음속에 뿌리내리게 하기 위해 가톨릭의 고해와 같은 기술이 발전했음에 주목하게 되었지요. 고해가 확산했던 근대 말기는 매춘과 질병이 만연해 인구학자와 행정가가 관련 문제를 연구하기 시작한 시기이기도 합니다. 억압 기술이 최고치에 이른 것 같았을 때 오히려 현실에서 성은 널리 전파된 것이지요. 학문적으로 성이 억압되었다는 것은 조작에 지나지 않을 뿐입니다.

푸코

프로이트

마치 내가 사실을 왜곡해서 조작했다는 것처럼 들리는군. 하긴 이것은 나의 방어 기제 중 미성숙한 부분이 작동해서 이런 반응을 보이는 것일 수 있어. 방금 내가 한 말은 취소하겠네. 좀 더 이성적으로 비판하지.

자네의 책을 보면 고대 이후의 전체 역사를 아우르며 권력이 간교한 술책을 부렸다고 주장하더군. 마치 성이 '억압의 역사'를 가진 듯이 보이도록 말과 이야기를 만들었다고 말이야. 그런데 권력자는 설계자이니까 그렇게 조작할 수 있다 쳐도, 일반 대중이 왜 조작될 수 있었는가는 별로 고민하지 않았던 것 같아. 사람들이 무의식적으로 성에 대한 억압에 움직여질 요소가 없었다면, 권력자가 아무리 조작을 잘하려고 설계해도 효과가 없었을 것일세.

푸코

선생님께서 말씀하신 부분을 저도 고민했습니다. 맞습니다. 선생님의 무의식 이론이 빛을 발하는 것이 바로 그 부분입니다. 개인에게는 분명 성이 억압되었다고 믿는 부분이 있습니다. 그래서 각자 꿈에서 다른 형태의 욕망을 추구하거나, 공격성을 승화하여 현실에서는 격한 운동을 즐기기도 합니다. 그런데 선생님께서 생각해 보셔야 할 것이 있습니다. 사람들은 무의식에 좌우됩니다. 그런데 무의식을 교묘하게 자극해서 상품을 파는 광고가 있지요. 광고는 기획자가 만듭니다. 기획자는 의도적으로 무의식을 자극하는

Sigmund Freud

요소를 설계합니다. 이럴 때 학자로서 두 가지 방향으로 현상을 분석할 수 있습니다. 첫째, 사람들이 상품을 구매하는 무의식적 이유를 설명하는 것입니다. 둘째, 광고 기획자의 생각에서 추적을 시작해 상품의 구매 과정 전체를 설명하는 것입니다. 저는 두 번째 전략을 택했고, 선생님은 첫 번째 전략을 택한 것입니다.

프로이트 자네는 내 연구 가치를 인정하는 것처럼 말하지만, 나한테는 전체 과정을 다 고려하지 못했다고 교묘하게 비판하는 것처럼 들리네. 자네가 《성의 역사》에서 쓴 말이 이제야 이해가 되네. 잠시 인용해 보겠네.
"현대인은 일찍이 프로이트와 정신분석학에 가해진 범성욕주의, 즉 모든 것을 성욕으로 설명하려 한다는 비난을 비웃을 것이다. 하지만 정작 분별없게 보일 사람들은 아마 그러한 비난을 표명했던 이들이 아니다. 그들보다는 오히려 그 비난이 단지 시대에 맞지 않게 수줍어함에서 나오는 두려움의 표현이라는 듯이 그것을 가볍게 물리쳐 버린 이들일 것이다."

제 글을 정확히 인용해 주시다니 영광입니다. **푸코**

프로이트 나는 솔직히 불편한 마음으로 그 글을 읽었네. 바꿔 말하자면 이것 아닌가? '푸코는 프로이트가 성에 대한 담론을 활발하게 열어젖힌 공로는 인정한다.
그리고 프로이트가 억울한 오해를 받았음과 프로이트의
이론이 성욕 그 자체가 아니라 인간과 사회에 대한
심도 있는 통찰을 제공하려 했던 것도 인정한다.
프로이트 덕분에 이상 성욕 등 사회 규범에 어긋나는
언행에 대해서 터무니없는 마녀 사냥과 같은 비난이
아닌 진지한 토론이 벌어질 수 있었음도 인정한다.
그러나 푸코는 프로이트가 성을 억압된 것으로 잘못
봄으로써 또 다른 문제점을 낳고 있음을 비판했다.'

푸코

선생님께서 거칠게 표현하셨지만, 핵심은 맞습니다.
성을 억압된 것으로 보는 것 자체가 지배 권력의
조작일 수 있기 때문입니다.

프로이트

자네가 그렇게 혐오하는 그 지배 권력의 조작이 무엇인지
자세히 설명해 주게나. 책에는 많은 사례와 함께 장황하게
표현되어 있어 좀 지치니까.

푸코

흡연 욕구를 참게 해서인지 짜증이 나시나 봅니다.
잠시만 참으면 되니 제 말씀을 잘 들어 보세요.
저는 인류 전체 역사를 성과 권력 관계를 중심으로 다시
살펴보았습니다. 그 관계가 가장 잘 드러나는 근대에 관해서

Sigmund
Freud

이야기해 보지요. 근대는 자본주의 발달과 함께 노동력이 이전보다 훨씬 많이 필요하게 되었습니다. 그래서 힘을 없애 노동력 저하로 이어지는 자위는 금지했지요.

프로이트 그랬지. 그리고 청교도주의Puritanism도 나와서 사회적으로는 청빈과 실용, 금욕주의가 강조되었어. 나다니엘 호손Nathaniel Hawthorne은 청교도가 건설한 미국 식민지였던 보스턴에서 17세기 중엽에 일어난 간통 사건을 다룬 작품《주홍 글씨The Scarlet letter》를 썼지. 그 작품에는 청교도주의의 억압 생활이 잘 나타나 있으니 자네는 꼭 보기 바라네. 나도 그 정신적 억압을 뚫고 성에 대한 이론을 펼치느라 아주 애를 먹었지.

푸코 그런데 그런 청교도주의가 왜 하필 자본주의의 등장과 함께 나와서 활성화되었는지 궁금하지 않으신가요? 재미있는 것은 금욕을 강조하는 당시 분위기에 어울리지 않게 '성 담론'이 급격히 증가했다는 것입니다. 특히 저는 성을 억압된 것처럼 느끼게 하는 종교적 고해가 급증한 것에 주목했어요. 억압은 검열이 아니라 성에 관한 담론을 생산하기 위한 장치였던 것입니다.

프로이트 그러니까, 내가 권력자의 조작에 놀아난 것이다?

프로이트 이해를 막는 장벽, 성

누구나 그 시대 안에서는 시대를 객관적으로 보기
어렵습니다. 저도 1926년에 태어나 20세기 이후의 삶을
주로 살았기 때문에 19세기와 20세기 초반에 대한 비판을
더 객관적으로 할 수 있겠지요. 제가 말씀 드린 지평은
제가 선생님보다 지식이 많거나, 똑똑해서가 아닙니다.
이 모든 것이 '성'과 그것을 행하는 '인간' 그리고 이것을
조직하는 '권력'의 관계를 올바르게 보았을 때 제대로
설명할 수 있는 현상인데, 선생님께서 사신 시기에는
그런 것을 객관적으로 보기 어려운 조건이었기 때문에
한계가 있을 수밖에 없었습니다.

푸코

프로이트

아니, 오히려 그 시대를 온몸으로 살았기 때문에 정확히
볼 수 있는 측면도 있지 않겠나? 더구나 나는 이성적으로
상황을 판단하려고 노력했어. 내 경험뿐만 아니라, 환자,
정상인, 역사적 위인까지 다 분석해서 결론을 내렸다고.

저는 선생님의 방법론 자체가 완전히 잘못되었다고
말씀 드리는 것이 아닙니다. 방향을 문제 삼는 것이지요.
저도 선생님처럼 제 경험과 주변 사람을 다 분석했습니다.
특히 다른 사건과 다르게 성 관련 사건에서 유독 정신분석가,
의사, 범죄자, 성도착자, 재판관, 가족 구성원, 학생, 교사 등
다양한 인물이 등장하는지를 살펴보았습니다.
그 결과 인물 사이에 서로 권력관계를 맺는 것을

푸코

Sigmund
Freud

알게 되었습니다. 교사는 학생 통제를 위해, 정신분석가는 피해자의 상처받은 마음을 탐구하는 위치를 확보하기 위해, 재판관은 범죄자를 단죄하기 위해 등등 각자 권력관계로 연관되었습니다.

프로이트 자네의 표현대로라면 "권력은 곳곳에 있다"는 말이군.

푸코 네, 그리고 "성의 문제는 권력의 문제다"가 제가 하려던 주장의 핵심입니다. 프로이트 선생님께서 "성은 억압되어 있다"면서 처음으로 성을 학문의 영역으로 끌고 나오신 것은 정말 대단한 업적입니다. 그런데 저는 "본능을 억압하는 것이 문명의 기초가 된다"는 프로이트 선생님의 이론에 이런 의문을 제기하고 싶습니다. 이른바 억압 가설을 통해 성을 담론화한 것만으로 억압이 제거될 수는 없습니다. 왜냐하면 성에 관한 이야기, 지식은 성적 감정과 분리되었을 뿐, 결국 억압적인 권력 구조의 일부분이 되었기 때문입니다.

프로이트 결국 나는 성에 관한 자유로운 논의를 한 것이 아니라, 권력의 일부분으로 이야기한 것을 인정하라는 것이군.

푸코 생각해 보십시오. 성의 문제는 곧 권력의 문제입니다. 부르주아와 달리 노동자 계급은 곤궁한 경제 상태를

프로이트 이해를 막는 장벽, 성

벗어나느라 성에 관심을 기울일 여력이 없습니다.
그러나 노동자를 고용한 부르주아는 혹시나 노동자의
생산력을 줄일지도 모르는 성을 억압해야 자신의 이익을
극대화할 수 있음을 알고 있습니다. 그래서 성을 억압하는
캠페인 등에 관심을 쏟지요. 캠페인도 엄연히 성에 관한
것입니다. 이렇게 권력은 성을 억압하는 듯하면서도
결국 자신들이 바라는 방향으로 선동하고 있습니다.

프로이트

자네는 노동자 계급과 다르게 부르주아가
성에 관심이 많다고 주장했더군. 부르주아는 자신이
어떻게 하면 후손을 나아 번성시킬지, 어떻게 하면
쾌감을 극대화할지를 고민하며 성에 더 탐닉한다고
책에 쓴 것을 봤어. 그러나 노동자 계급은 그 성을
표현할 여력이 없지, 성욕 자체가 없는 것은
아니지 않은가. 행동하지 않는다고 그런 욕망조차
차이가 난다고 생각하면 곤란하네.

맞습니다. 저는 부르주아와 노동자의 성욕에 차이가 난다고   **푸코**
주장한 것이 아닙니다. 성욕이 차이가 나지 않는데도 왜
성 행동이 다른지를 보자는 것입니다. 성욕에는 차이가
없지만, 두 계급이 차이가 난다면 본질에서 계급을
구분하는 특성인 권력의 차이 때문입니다.

프로이트 ◀ 자네의 주장이 좀 더 잘 이해되는군.

선생님께서 한창 사셨던 때뿐만 아니라, 21세기도 여전히 ▶ **푸코**
성에 대한 담론은 활발하게 진행 중입니다. 방송, 책, 노래,
대화 속에서 이른바 '섹시 코드'라면서 성 문제가 빠지지
않지요. 성의 역사는 계속 진행 중입니다. 성 문제에 더 많이
신경 쓰는 부르주아가 여전히 권력을 갖고 있기 때문입니다.
또한, 자본주의가 발달하면서 부르주아적 의식도 세상에
더 많이 퍼져 결국 부르주아의 관심이 사회 전체의
관심거리가 되기 때문에 성에 대한 선동은 계속될 것입니다.

프로이트 ◀ 권력이 21세기 성 문제에도 계속 개입한다고?

유럽의 역사적 사례는 제 책에 많이 적어 놨으니 ▶ **푸코**
압축 성장의 표본인 대한민국을 예로 들겠습니다.
대한민국은 한참 생산성을 높여야 하는 1960년대와
70년대에 산아 제한 정책을 펼쳤지요. '하나만 낳아 잘
기르자'가 그때의 대표적 표어였습니다. 그러나 한 세대가
지난 2010년대에는 국가 경쟁력을 이유로 '다자녀 갖기'라는
출산 장려 정책을 펼치고 있습니다. 형태와 내용은 달라진
듯 보이지만 권력이 성 문제에 여전히 관여하는 것입니다.
또한, 사회적으로 일정한 테두리 안에서 인정되는 성이 따로

정해져 있습니다. 불륜이나 패륜, 폭력에 의한 성은 철저히
금지되고 있지요. 그런데 그런 것을 억압하는 이야기를
함으로써 결국 성을 더 많이 이야기하는 구조가 되었습니다.
한편에서는 각종 변태적인 성이 음성적으로 자라고 있어요.
최근에는 인터넷과 전화 등의 새로운 기술이 생기면 그에
맞춰서 성이 변하고 있습니다. 그러면서 권력은 이런 상황을
종합적으로 통제하기 위한 주체로서 자신의 위치를
확고히 하고 있지요.

프로이트

성에 대해서 긍정적이거나 부정적이거나, 억압하는
캠페인을 펼치거나 자유롭게 풀어 놓자는 주장을
펼치거나 모두 성에 대한 담론을 더 풍성하게 한다는
말이군. 그리고 그것은 상황을 통제하기 위해 존재하는
듯한 이미지를 줘야 하는 권력이 원하는 바이기도 하고
말이야. 이것은 내가 살던 시대에도 별반 다르지 않았어.
그러나 개인에게 초자아가 있어야 하고, 아니 있을 수밖에
없듯이, 사회에서도 권력이라는 초자아가 있어야 하고,
있을 수밖에 없는 것이 아닌가? 문제는 욕망을
너무 억압하는 바람에 병리 현상이 나타날 정도로
권력이 통제하는 것이지.

그것은 성을 벗어난 또 다른 토론 주제입니다. **푸코**
저는 다른 책인 《광기의 역사 Histoire de la folie à l'âge classique》와

144

《감시와 처벌 Surveiller et punir》에서 선생님께서 말씀하신
문제에 대해서 자세히 다루었습니다.

프로이트

어떤 사람이 내게 이런 말을 하더군. "프로이트가
무의식 이면에 있는 성에 대해서 파헤쳤다면,
푸코는 성 이면에 가면 쓴 권력을 벗겼다." 그 평가가
어느 정도 맞는 말이라는 생각이 드는군. 많은 사람이
내가 한 성에 관한 이야기를 장벽처럼 여겨서
생각을 멈추고 비판만 하는데, 자네는 내 생각을
디딤돌로 한 단계를 뛰어넘었군. 정말 대단하네.

평소 엄격한 이미지이시던 프로이트 선생님께서
이렇게 열린 마음으로 이야기를 들어 주시고,
칭찬까지 해 주시니 참으로 기쁩니다.

푸코

05

프로이트를 통해 이해하는
사회와 역사

인간과 사회는 시간이 흐르면서 개선되는 것일까?
진화론에 따르면 시간이 흐를수록 우리는 발전할 수밖에
없을 듯하다. 프로이트가 매료된 찰스 다윈 Charles Darwin 의
저서 《종의 기원 Origin of Species 》 제4장에는 다음과 같은
내용이 나온다.
"자연 선택은 매일 매시간 전 세계의 모든 변이를 가장
사소한 것까지 세세히 검사하고 있다고 할 수도 있다.
나쁜 것은 거부하고 좋은 것은 모두 보존하고 추가한다는
말이다. 그것은 언제 어디서든 기회를 줄 때마다 조용히
그리고 알지 못하는 사이에, 삶의 조건에 맞게
각 생명체를 개선한다."
다윈의 진화론은 당시 획기적이고 충격적인 이론이었고
훗날 여러 학자에게 영감을 주었다. 프로이트도 그중의 한
명이었다. 프로이트는 고민했다. 진화론에 따르면 사회와
역사는 점점 개선되어야 하는데도, 세계 대전 같은 전례
없는 전쟁과 비인간적으로 사회가 변화되는 것을 자신의
눈으로 직접 보았기 때문이다.
그러나 프로이트는 진화론을 버리지 않았다.
오히려 진화론을 바탕으로 자신의 이론을 더 정교하게
다듬어서 사회와 역사의 비밀을 밝혔다.

사회도 인간처럼 성장한다

고요한 크노소스 숲 깊은 곳에서 늙은 장님이 울부짖고 있었다. 그는 저주받은 운명을 끝내 피하지 못한 자신에게 분노했다. 그리고 자신의 비극적인 일생과 거대한 운명의 힘 앞에서 초라하게 몸을 떨었다. 한때 일국의 왕이던 그의 옆을 지키는 것은 작은딸뿐이었다. 딸은 미쳐 버린 아버지가 스스로 두 눈을 뽑았다는 사실을, 왕위를 버리고 떠돌이가 되었다는 사실을 아직도 믿을 수가 없었다. 모든 것이 꿈처럼 느껴졌다. 결국, 오이디푸스 왕은 크노소스 숲에서 숨이 끊어졌다. 누더기를 걸친 채로, 걸인과 다름없이 죽음을 맞은 그의 무덤에는 묘비조차 없었다.

오이디푸스의 비극적인 생애는 그의 출생과 함께 예견되었다. 테베의 왕 라이오스와 이오카스테는 아들의 탄생을 더할 나위 없이 기뻐했다. 서둘러 예언가들을 불러들여 아이의 앞날을 점쳐 보았다. 그러나 예언가의 얼굴은 일순간에 일그러졌고 침울한 표정으로 겨우 입을 열었다.

"왕이시여, 왕자는 장차 아버지를 죽이고 어미를 범할 것입니다."

왕과 왕비는 충격에 휩싸였다. 결국, 왕은 고민 끝에 아이의 복사뼈에 쇠못을 박아 키타이론의 산속에 내다 버릴 것을 명령했다. 산에 버려진 아이는 코린토스의 목동이 주워다 길러 코린토스 왕국의 왕자로 자랐다. 훗날, 청년이 된 왕자는 자기의 뿌리를 알고자 델포이에서 신탁神託을 받았다.

'장차 아비를 죽이고 어미를 범한다.'

Sigmund
Freud

그는 어떻게든 정해진 운명을 피해 보고자 방랑길에 올랐다. 그리고 테베에 이르는 좁은 길에서 한 노인을 만났고 사소한 시비 끝에 그를 죽이고 말았다. 그 노인이 자신의 친아버지임을 몰랐던 것이다.

당시 테베에는 스핑크스라는 괴물이 나타나 수수께끼를 내어 풀지 못하는 사람을 잡아먹었다. 여왕은 이 괴물을 죽이는 자는 왕위를 이어받고, 자신과 혼인할 수 있다고 약속했다. 그러자 오이디푸스가 수수께끼를 풀어 스핑크스를 죽인 후 왕위에 올랐고, 그는 어머니인 줄도 모르고 여왕을 아내로 삼았다. 둘 사이에는 네 자녀가 태어났는데, 왕가의 불륜이 사단이 되어 테베에 전염병이 나돌았다. 오이디푸스는 그것이 모두 자신이 저지른 잘못 때문이라는 것을 알고는 자신의 두 눈을 뽑고 방랑길에 올랐다. 이것이 바로 거대한 운명을 짊어진 나약한 인간 오이디푸스의 최후였다.

프로이트는 아버지를 죽이고 어머니와 결혼한 오이디푸스가 비극을 맞은 것은 무의식의 욕망을 바로 있는 그대로 충족하려고 했기 때문이라고 생각했다. 또한, 프로이트는 숙명을 피하려 했지만 결국은 그게 숙명을 만든 행위가 된 오이디푸스의 경우처럼, 인간과 사회는 아무리 발버둥쳐도 결국에는 무의식에 숨겨진 원리에 의해 움직인다고 생각했다. 그래서 오이디푸스 콤플렉스를 인간과 사회의 숨겨진 원리로 생각하게 되었다. 자신의 지지자들이 등을 돌린 다음, 프로이트는 이 개념을 적극 펼쳤다.

프로이트가 주장한 오이디푸스 콤플렉스 이론은 이렇다.

남자아이는 엄마를 독점하려고 한다. 그런데 아이의 이러한 욕망은 특정한 시기를 지나면 자연스럽게 좌절된다. 자신을 낳아 준 아버지에 대한 죄책감과 아직 어린 자신이 힘 센 아버지와 싸우는 데에는 무리가 따른다는 것을 알기 때문이다. 결국, 아이는 오이디푸스 콤플렉스를 겪은 후 자연스럽게 어머니에 대한 욕망을 포기하고, 대신 아버지와 자신을 동일시한다. 자신이 직접 한 사람의 아버지가 되는 쪽으로 목표를 수정하는 것이다. 그리고 자신에게 주어진 사회의 금지와 법을 습득한다. 따라서 오이디푸스 콤플렉스란 순수한 욕구 덩어리인 인간이 사회화되기 위하여 거쳐야 하는 필수 단계이다.

청소년이 주인공으로 나와 복잡한 철학 이야기를 툭툭 내뱉는 일본 애니메이션 〈신세기 에반게리온 新世紀エヴァンゲリオン〉 시리즈는 인간의 사회화 과정이 얼마나 어려운지 처절하게 보여 준다. 처음에는 단순한 SF 로봇 영화와 별 차이 없이 시작한 애니메이션은 주인공 신지와 아버지와의 갈등, 신지의 내면 독백이 추가되면서 전혀 다른 결론을 내고 끝난다. 세상을 구원하는 이야기는 결국 개인 성장의 이야기로 바뀐다. 프로이트가 이론을 펼친 과정과 반대 방향이다. 하지만 결론은 똑같다. 시리즈의 최종회는 주인공 신지와 최후의 사도인 겐도우와의 대사로 끝이 난다. 그런데 이 내용은 프로이트가 강조했던 유아기로 회귀하

Sigmund
Freud

고 싶어 하는 욕망이 주된 내용이다.

신지 :　 "이 느낌은 뭐지? 내가 전에 느꼈던 것 같아. 내 몸이 사라지는 것 같아. 기분 좋아. 퍼지는 것 같은 느낌이야. ^(중략) 사람들이 잃어버린 것, 잃어버린 마음. 마음속의 공허에 대한 보완. 마음과 영혼의 도움에 의한 보완이 시작됐다. 모든 것이 무^無로 돌아갔다. 사람의 도움에 의한 보완이 막 시작됐다."

겐도우 :　 "아니, 모든 게 무로 돌아간 게 아니야. 모든 것이 시작으로 돌아간 것뿐이야. 오랫동안 잃어버린 것이 어머니에게 돌아온 것뿐이야. 모든 마음이 하나의 마음이 되어, 영원한 평화를 얻은 것뿐. 그 외에 아무것도 아니야."

　　　잃어버린 자신이 어머니에게 돌아오니 평화를 얻을 수밖에 없다. 어머니를 독점할 수 있었으며, 아버지라는 경쟁자를 인식하기 전인 상태. 너댓 살 즈음 오이디푸스 콤플렉스라는 숙명의 수레바퀴를 돌리기 전인 상태. '신세기 에반게리온' 시리즈 전체를 보면 한 소년의 성장기, 사회화 과정이 플롯의 한 축을 담당하고 있음을 확인할 수 있다. 이것은 감독인 안노 히데아키가 직접 가사를 썼다는 주제곡 '잔혹한 천사의 테제^{残酷な 天使のように}' 가사에서도 확인할 수 있다.

　　　에반게리온에서는 숨김없이 그대로 표현되었지만, 다른 성장소설이나 드라마를 보면 아버지와 심각한 갈등을 벌이고 자애로운 엄마에게는 심리적으로 의지하는 소년의 이야기가 많이 나온다. 그러나 소년은 엄마와 일정한 거리를 유지한다. 대신 자신의 빈 곳을 채워 줄 다른 여성을 찾거나, 자신의 열정을 쏟을 일을 찾는다. 행복을 얻기 위해 엄마를 성적으로 독점하는 것은 사회적으로 용납되지 않기 때문이다. 그렇게 다른 길을 찾으면서 사회적으로 올바른 방향으로 성숙한다. 자신의 삶을 위태롭게 할 수 있는 아버지에 대한 공격 본능과 엄마에 대한 성 본능을 조율하며 사회화한다.

한마디로 인간은 오이디푸스 콤플렉스 본능을 억압하는 과정을 통해 사회화한다. 거부할 수 없는 숙명과도 같은 본능을 지혜롭게 통제하며 남과 더불어 사는 것이다. 그러나 프로이트는 인간이 본능을 제대로 억압하지 못하면 도착증 환자가 되고, 본능을 지나치게 억압하면 신경증 환자가 된다고 했다. 여기까지는 개인적 성장에 대한 프로이트의 설명이었다. 프로이트는 오이디푸스 콤플렉스로 개인의 성장 과정을 설명하는 데서 한발 더 나아가 사회 집단의 변화와 오이디푸스 콤플렉스를 연관시켰다. 오이디푸스 콤플렉스적인 심리 변화는 개인의 체험에서 끝나지 않고 집단에 적용되기도 하며 집단적 정신은 수천 년 동안 존속할 수 있다고 보았다. 그의 독특한 문명 발달 이론은 여기서 출발했다.

프로이트를 비판하는 사람들은 오이디푸스 콤플렉스가 이성의 부모와 자녀 간의 성적 욕망을 지나치게 강조한다고 비판했다. 그러나 원래 프로이트가 이런 주장을 편 것은 성적 갈망 자체를 강조하기보다 '법'이나 '사회 체계', 혹은 '권력'이 본능적인 욕망에 뿌리가 있다는 점을 밝혀 새로운 논의의 가능성을 열기 위함이었다. 기존에는 아주 이

성적인 체계로 생각되던 법과 권력에 대한 전통적인 생각을 비판할 수 있게 된 것이다.

원시 유목 부족으로부터 현대 문명 상태로의 발달 과정을 보면 오이디푸스 콤플렉스란 아들들이 힘을 합쳐 아버지의 독재적 권력에 반항하며 아버지를 살해하는 권력 투쟁의 과정을 의미한다. 이러한 부친 살해라는 인류의 원죄는 죄의식, 불안, 공포를 유발한다. 이러한 죄의식이 그들로 하여금 엄격한 도덕, 윤리, 법 등의 '아버지 상'을 고안하도록 유도한다는 것이다. 이렇게 프로이트는 오이디푸스 콤플렉스를 통하여 인간에게 초자아와 양심이, 사회에는 도덕과 법 질서가 확립된다고 주장했다. 푸코가 성 연구를 통해서 권력 문제에 접근한 것은 이렇듯 이미 프로이트가 시도한 권력 투쟁에 관한 통찰이 있었기에 가능한 것이었다. 프로이트는 자신의 저서 《토템과 터부》 제13장에 다음과 같이 주장했다.

"결론적으로 말해서, 여러 임상적 사례와 역사적. 문화적 사례 등을 모두 살펴본 결과 나는 종교와 도덕, 사회, 예술의 시작이 모두 오이디푸스 콤플렉스로 수렴된다고 주장한다. 현재까지 알려진 바 대로라면, 이것은 똑같은 콤플렉스가 모든 신경증의 핵심을 구성한다는 정신분석학적 발견과도 완전히 일치한다. 이로써 나는 사회 심리학적 문제 역시 구체적 쟁점인 아버지와의 관계에서 실패했느냐 아니냐를 기초로 해결될 수 있다는 가장 놀라운 발견을 한 듯하다."

드디어 프로이트는 자신이 인정할 만한 개인과 사회의 발달 모두를 설명할 수 있는 근본 원리를 찾은 것이다.

인간의 성장 비밀, 오이디푸스 콤플렉스

프로이트는 괴테를 존경했다. 청소년기에 우연히 들은 시구를 괴테의 것이라고 오해해서 크게 감명받을 정도였으니까. 프로이트는 글을 잘 써서 나중에는 작가가 아님에도 괴테 문학상을 받기도 했다. 그렇게 여러 인연을 가진 프로이트가 괴테를 정신분석한 것은 당연한 일이다.

"가장 오래된 어린 시절에 우리에게 일어난 일을 기억하려고 할 때 우리는 종종 다른 사람이 들려주는 이야기와 우리 자신의 생생한 경험을 혼동하곤 한다."

이 말은 괴테가 60세에 쓰기 시작한 자서전 서두에 있는 말이다. 괴테 스스로 자신의 기억이 자신만의 것이 아니라, 혼동이 있을 수 있음을 이야기했지만, 괴테는 자서전 《시와 진실Dichtung und Wahrheit》에 놀라울 정도로 확신에 가득 차서 자신의 어린 시절을 이야기했다.

괴테는 만능 천재로 통한다. 여든세 살의 나이로 사망할 때까지 문학가, 법률가, 행정가, 자연 과학자 등등 다양한 분야에서 당대에 인정받는 업적을 내놓았다. 그러나 괴테는 태어날 때 숨도 제대로 못 쉬어 얼굴이 시퍼레질 정도였으며, 그 후로도 자칫 잘못하면 바로 죽을 정도로 병약했다. 그랬던 괴테가 여러 분야를 넘나들며 정열적으로 자신의 재능을 펼칠 수 있었던 것은 어떤 힘이 작용한 것일까? 프로이트는 이 질문에 답하기 위해 괴테의 작품과 전기, 일화 등을 수집했고, 멋진 가설을 내놓았다.

　괴테는 자서전에 어린 시절에 대한 묘사를 장황하게 자세히 서술했다. 예를 들면 다음과 같이 말이다.

　마침 옹기 시장이 열린 날이었는데 사람들은 며칠 후에 먹을 음식을 이런 종류의 그릇 속에 담아 두는 것을 좋아하지 않았다. 어쨌든 어른들은 우리 아이들에게도 갖고 놀라고 작은 모형 그릇을 몇 개씩 사 주었다. 온 집안이 고요하기만 하던 어느 화창한 오후, 나는 현관에서 내게 사 준 접시와 항아리를 가지고 놀았는데, 별로 흥이 나지 않아 접시 하나를 집어 길가로 던졌다. 나는 접시가 이상한 모양으로 깨지는 광경을 보면서 즐거워했다. 내가 기뻐서 손뼉 치며 놀고 있는 것을 지켜보던 폰 오센스타인 형제가 그때 소리쳤다.

　"한 번 더 해 봐!"

　나는 돌이 깔린 길 위로 다시 그릇을 던졌고, 다시 "또 해 봐! 또!"라는 소리가 들렸다. 이렇게 나는 반복되는 소리에 맞춰 작은 접시와 공기, 항아리 등을 모두 길에 내던졌다. 이웃에 사는 아저씨들은 계속해서 내 행동을 칭찬해 주었고, 내가 그들을 즐겁게 해 줄 수 있다는 것에 큰 기쁨을 느꼈다. 그릇을 몽땅 다 던지고 나서도 함성은 계속되었다.

　"또 해 봐!"

　나는 부엌으로 달려가 도자기 접시를 갖고 나왔고, 이 큰 그릇이 깨질 때의 모습은 더욱 재미있었다. 나는 이렇게 헐레벌떡 숨을 내쉬며 바쁘게 부엌을 드나들면서 설거지대에 꽂혀 있는 순서대로 접시를 뽑았다. 먼저 깨진 그릇이 왠지 불완전하게 깨진 것 같아 나는 모든 그릇을 내던지고 말았다. 잠시 후 누군가 부르는 소리가 들렸다. 그러나 이미 일은 벌어질 대로 다 벌어진 후였다. 깨져 버린 이 수많은 그릇을 다시 온전히 돌려놓을 수는 없었다. 하지만 어쨌든 사람들특히 나를 부추겼던 그 고약한 이웃은 평생 즐길 수 있는 이야기를 얻은 셈이었다.

괴테의 사소한 이야기 속에서 프로이트는 괴테의 무의식을 발견했다. 자서전을 쓰면서 왜 하필 이 사소한 이야기에 괴테가 집착했는지를 밝힌 것이다. 괴테의 자서전 어디에도 남동생 헤르만 야코프의 이름이 등장하지 않았다. 괴테의 다른 형제들은 태어나 3년을 못 넘기고 일찍 죽었지만, 바로 아래 동생인 야코프는 여섯 살에 죽었다. 따라서 괴테의 유년 시절 이야기에 등장해야 정상이다. 하지만 사소한 언급조차 없다. 이를 이상하게 여긴 프로이트는 다른 연구자의 자료를 참고하여 꼬마 괴테가 동생이 죽는 것을 보면서도 가슴 아파하지 않았다는 사실을 알아냈다. 괴테 어머니는 이렇게 회고했다고 한다.

"괴테가 놀이 친구이기도 했던 동생 야코프가 죽었을 때 눈물 한 방울도 흘리지 않는 것을 매우 이상하게 여겼다. 괴테는 부모나 다른 아이들이 애통해하는 것을 보자 오히려 신경질적인 반응을 보였다. 그래서 동생이 죽었는데도 슬프지 않느냐고 물었다. 그러자 괴테는 자신의 방으로 달려가 침대 밑에서 종이 한 뭉치를 꺼내 갖고 왔는데, 거기에는 아이들에게 들려주는 동화와 공부한 종이가 섞여 있었다."

괴테는 어머니에게 종이 뭉치를 보여 주면서 자신이 동생을 가르치기 위해 이런 것을 만들었다고 했다. 형으로서 동생에게 아버지 행세를 하면서 자신의 우월성을 과시한 것이다. 이 사실을 알게 된 프로이트는 괴테가 그릇을 깨트릴 때 맛볼 수 있는 쾌감 그 자체 때문이 아니라 다른 욕구 때문에 그릇을 깬 이야기가 오랫동안 기억에 남았을 것이라는 생각을 했다. 어쩌면 어린 괴테는 그릇 깨기를 통해 부모에 대한 원망을 표현하고 싶었을 것이다. 심부름시키는 소리를 일부러 못 듣는 척하거나, 말대꾸하거나, 다른 말썽을 부리는 여느 아이들처럼 말이다. 그런데 괴테는 왜 부모를 원망했을까? 그릇이 동생을 상징한다면 설명이 된다. 부모는 동생을 계속 낳았고, 새로 태어난 아이는 부모의 사랑을 독차지하고 싶은 괴테에게 위협적인 존재였다. 그래서 그냥 그릇을 조용히 깨는 것에 머물지 않고 집 밖으로 내던져서 깬 것이다. 괴테는 《시와 진실》에 다음과 같이 적었다.

"나는 운이 좋은 아이였다. 태어났을 때 사람들은 나를 죽은 것으로 알았으나 운명이 나를 살려냈다. 운명은 나 대신 동생을 제거했고 나는 그래서 어머니의 사랑을 나누어 가질 필요가 없었다."

물론 괴테는 프로이트가 정신분석학을 내놓기 전에 활동했던 사람이다. 그러나 마치 프로이트의 이론을 염두에 두고 이야기한 것처럼 딱딱 맞아떨어진다. 괴테는 동생이 사라짐으로써 어머니의 사랑을

프로이트를 통해 이해하는 사회와 역사

독차지한 정복자의 마음을 갖게 되었고, 그 마음을 바탕으로 성공했다. 어쩌면 프로이트는 괴테의 이야기 속에서 어릴 적 자신의 모습을 봤을 수도 있다. 프로이트는 바로 아래의 어린 동생이 태어났을 때 사라졌으면 하고 바랐고, 실제로 동생이 죽자 큰 죄책감을 느꼈다고 했다. 프로이트는 이런저런 일화를 꿰맞추면서 자신의 이론이 맞는다는 확신과 자신이 존경하던 괴테를 완벽하게 이해하게 되었다는 기쁨에 탄성을 질렀을지 모른다. 실제로 프로이트는 괴테를 정신분석하면서 다음과 같이 자신감 넘치게 마무리했다.

"아마도 괴테가 '나의 힘은 어머니와 나의 관계 속에 뿌리를 내리고 있다'는 표현을 알고 있었다면 자서전을 시작하기 전에 한 줄 인용했을 것이다."

프로이트는 결국 시대를 바꾼 천재인 괴테의 남다른 성장 배경이 바로 오이디푸스 콤플렉스임을 주장한 것이다.

인간을 인간답게 만드는 본능, 타나토스

프로이트는 인간의 성장 에너지 원천은 본능이며, 그 본능이 바로 무의식에 자리 잡고 있다고 주장했다. 또한, 무의식에는 인간의 주요 본능인 삶의 본능과 죽음의 본능이 원초적인 본능의 형태로 남아 있다고 보았다. 프로이트는 이 두 본능에 의해 자아가 역동적으로 구성되며, 인간관계의 갈등과 사회적 분란도 일어난다고 주장했다.

인간에게 죽음의 본능이 있다는 것은 언뜻 이해되지 않는다.

하지만 주변의 다양한 사례를 살펴보면 쉽게 이해할 수 있다. 어린아이는 아플 때 주사 맞았던 병원에서의 기억을 바탕으로 놀이를 한다. 여전히 주사를 무서워하면서도 자신의 팔이나 친구의 엉덩이에 주사 놓는 시늉을 하며 병원놀이를 하는 이유가 무엇일까? 질문은 다른 사례에도 똑같이 적용된다. 끔찍한 살육이 연상되는 전쟁을 군이 전쟁놀이로 바꿔 노는 이유는 무엇일까? 어른이 음악을 듣다가도 갑자기 첫사랑의 상처를 떠올리며 괴로워하는 이유는 무엇일까? 부모에게 혼날 확률이 높은데도 컴퓨터 게임을 몰래 계속하는 이유는 무엇일까? 이성적으로 판단하면 자신과 상대방 모두 손해 입게 될 것이 뻔한 폭력을 행사하는 이유는 무엇일까? 약물 중독이 자신에게 해롭고, 한번 빠지면 끊기 어려운 줄 알면서도 왜 마약에 손을 대는 것일까? 결국, 처벌받게 될 죄를 짓는 이유는 무엇일까?

프로이트는 에로스에 의해 쾌락을 추구하는 인간이 군이 불쾌한 경험을 자발적으로 떠올리거나, 부정적 결과를 얻을 게 뻔한 행동을 자초하는 이유가 무엇인지 궁금했다. 그래서 에로스만으로는 여러 현상을 설명하기 어렵다는 생각을 하게 되었다. 프로이트는 자신이 설명하기 어려운 사례의 특징을 자세히 살펴보았다. 그 결과 평상시 사건보다 훨씬 강한 자극이 있는 사건이라는 공통점이 보였다. 병원에서의 기억과 전쟁의 기억은 종류와 강도가 다르지만, 그것을 받아들이는 아이로서는 모두 평상시 접하는 자극과는 비교되지 않을 강렬한 경험이다. 영원히 사랑할 줄 알았던 첫사랑과 헤어진 것도 강렬한 경험이기는 마찬가지이

프로이트를 통해 이해하는 사회와 역사

다. 이렇게 강렬한 자극은 놀이로 변하거나 애창곡 듣기처럼 계속 반복된다. 프로이트는 이렇게 되는 이유가 인간에게는 쾌락을 추구하는 에로스와 반대되는 죽음의 본능인 타나토스가 있기 때문이라고 주장했다.

프로이트는 타나토스가 있다면 고등 동물인 인간뿐만 아니라, 본능에 의해 움직이는 하등 동물에서도 확인할 수 있어야 한다고 생각했다. 그래서 동물을 관찰했다. 연어는 결국 죽을 것을 알면서도 알을 낳기 위해 강으로 거슬러 올라온다. 연어에게 강은, 새 생명이 탄생하는 공간이자 당사자인 자신에겐 죽음의 공간이다. 상식적으로 보면 자신이 죽을 줄 알면서 본능에 의해 그 길을 간다는 것이 이해되지 않는다. 자살의 욕구가 있다면 굳이 강을 거슬러 오르는 고생을 할 필요 없이, 먹이를 먹지 않거나 어부가 던진 그물에 몸을 던지면 된다. 더 간단한 방법이 있는데도 연어는 힘겹게 강을 거슬러 오른다. 연어가 단순히 종족 번식을 위해 강을 거슬러 오르는 것이라면, 왜 연어는 좀 더 종족 보존이 쉽도록 바다에서 후손을 낳는 방향으로 진화하지 않은 것일까? 강을 거슬러 오르는 것은 종족에게나, 연어 자신에게도 별로 이득이 되지 않는다. 프로이트는 바로 이 점에 주목했다.

연어는 강을 거슬러 올라 죽는 것이 '연어다운 죽음'으로 본능에 각인되어 있다. 그래서 다른 방식의 죽음은 피한다. 타나토스 덕분에 생명이 연장되는 역설이 생긴 것이다. 적극적으로 살고자 하는 모습은 오로지 에로스에 의한 것처럼 보이지만, 사실은 연어다운 죽음을 맞기

Sigmund
Freud

위해 중간에 연어답지 않은 죽음을 안 당하려는 몸부림으로도 볼 수 있다. 프로이트는 연어의 일상은 생의 본능인 에로스와 죽음의 본능인 타나토스가 싸움을 통한 결과로 구성된다고 생각했다. 연어가 나중에 강을 거슬러 오르는 것이나 평상시 천적을 피하고 먹이를 찾는 행동 속에는 모두 타나토스와 에로스가 작용하고 있다. 다만 어떤 본능이 더 많이 작용하고 있느냐가 다르다. 프로이트는 강을 거슬러 오를 때는 타나토스의 힘이 더 강하게 작용한다고 주장했다. 그러나 그 순간에도 에로스의 에너지가 뒷받침되지 않는다면 연어는 연어다운 죽음을 맞이할 수 없다. 그러니 에로스와 타나토스 모두 필요한 것이며, 생명체는 이 두 본능에 의해 평생 좌우될 수밖에 없다고 생각했다.

프로이트는 수컷 사마귀가 교미 후에 암컷에게 잡아먹힐 것을 알면서도 짝짓기를 하는 모습에서도 타나토스의 존재를 확인했다. 수컷 사마귀는 암컷이 공격할 때 다른 수컷과 싸울 때처럼 반항하지 않는다. 죽음에 처하는 자신의 운명을 받아들인다. 그것은 수컷 사마귀 안에 수컷 사마귀다운 죽음에 대한 본능, 즉 타나토스가 있기 때문이다. 프로이트는 다시 인간에게 눈을 돌렸다. 그 결과 다음과 같은 결론을 얻었다.

인간은 자신이 원하는 방식으로 죽고 싶은 욕구가 있다. 그런데 인간은 단순히 죽음에만 관심이 있는 것이 아니다. 정확히 말하면 인간 역시,

프로이트를 통해 이해하는 사회와 역사

자신이 원하는 방식으로 살다가 죽고 싶은 욕구를 가지고 있다.
인간은 유년기에 그토록 부러워했던 어른들의 세상을 충분히 경험한
다음, 마치 유년기처럼 아무 고통 없이 평안하고 행복한 상태에서
죽기를 바란다. 그리고 죽을 때는 신과 같던 부모 혹은 부모 같은 신의 품으로
돌아가니 자신을 받아달라는 말을 하는 사람이 많다. 이때 쓰인 '품'과
'돌아간다'는 단어는 유년기에 대한 향수가 무의식적으로 반영된
것이다. 자신이 생각하는 인간다운 죽음에 대한 욕구는 삶을 연장하게
한다. 언젠가 죽는다는 결론은 마찬가지라는 생각에 평안한 죽음을
바로 실행하려 하기보다는 중간에 고통이 있을지라도 다양한 경험을
하며 자신이 원하는 바를 이루려 노력하는 사람이 훨씬 많은 것도
에로스와 타나토스의 본능이 모두 작용하기 때문이라고
프로이트는 생각했다.

그런데 왜 죽음의 본능은 우리 삶에 붙게 된 것일까? 인간은 아
침에 일어날 때 무겁게 가라앉는 이상한 무기력감을 느낀다. 좀처럼 잠
자리를 벗어나지 못하게 하는 힘, 있던 자리에 머물게 하는 힘은 오랜 역
사를 통해 습득된 보존의 충동이다. 그리고 이러한 보존의 충동은 대단
히 보수적인 속성을 가지고 있어서 언제나 최초의 상태로 돌아가고자 한
다. 꼬리에 꼬리를 무는 식으로 최초의 상태를 추적해 보자. 청소년, 초등
학생, 유아, 아기, 태아……, 이렇게 최초를 찾다 보면 최초의 상태는 바로
생명이 없는 상태임을 알 수 있다. 무無의 상태. 즉 죽음의 상태이다.

왜 프로이트는 타나토스에 관심을 두었을까? 프로이트가 개인적 심리 문제에서 생각을 확장해 연구하던 중 제1차 세계 대전이 발발했다. 문명의 발전을 주제로 고민하던 프로이트는 전쟁을 통해 하나의 커다란 이론적 전환점을 맞았다. 프로이트는 전쟁이라는 물질적, 도덕적, 정신적 붕괴를 직접 경험하면서 왜 문명화된 인류가 이토록 혼란스러운 상태를 자초하는지 묻지 않을 수 없었다. 결국 기존의 삶에 대한 본능, 에로스 중심적인 그의 이론을 수정하게 되었다. 죽음에의 본능, 타나토스를 인간 행위의 중요한 요인으로 생각한 것이다.

프로이트는 삶의 본능을 사랑의 본능이라고 생각했다. 그래서 이름도 에로스라고 불렀다. 사랑은 생명이나 성장과 동일시되고 죽음과 싸우며 인간이 존재하는 양식을 결정한다. 그런데 에로스는 사랑에 대한 것이지만, 내부의 욕구 충족을 목표로 하고 있어 공격적이고 파괴적인 방향성을 갖고 있다고 생각했다. 그리고 이런 에로스에 반대해서 생물체를 무기물 상태로 변화시키는 타나토스를 또 다른 의미의 파괴 본능으로 생각했다. 결국, 인간은 삶과 죽음 두 개의 극단에 있는 본능에 의해 살아가고 있다고 프로이트는 결론 내렸다.

프로이트는 《정신분석학 개요Abriß der Psychoanalyse》에서 이렇게 말했다.

"이드의 내부에서 유기체적인 본능이 작용하지만, 그 본능 자체는 두 개의 근원적인 힘, 에로스와 타나토스의 여러 가지 역학이 융합하여 만들어졌다."

프로이트는 인간 행동은 두 가지 상반된 원칙, 즉 쾌락 원칙과 현실 원칙에 바탕을 두고 있다고 생각했다. 쾌락 원칙은 즉각적인 동시에 충동적으로 욕망을 충족함으로써 만족에 이를 수 있다는 점에서 1차적인 것으로 무의식과 연관되어 있다. 이에 비해 현실 원칙은 만족되는 시기가 미루어지는 것을 참고 기다릴 수 있게끔 작용한다. 이 2차적인 과정은 사고, 다시 말해 생각하는 것을 가능하게 해 준다. 이런 현실 원칙은 성적 충동으로부터 조금 떨어져 나와, 생각하고 일하고 놀이하는 방향으로 에너지가 투입되도록 만든다.

널리 알려진 심리적 기제인 승화sublimation는 현실 원칙에 따라 이루어진다. 승화는 억압된 것이 사회적으로 수용될 가능성이 높은 형태로 변형되어 나타나는 것이다. 예를 들어 공격성은 스포츠를 통해 경쟁으로 변형되고, 주의를 끌고 싶은 욕망은 현실에 적응하며 정치에 흥미를 갖고 참여하는 식으로 나타난다. 또한, 예술가도 승화 과정을 통한 작품 활동이 가능하다고 프로이트는 설명한다.

프로이트는 쾌락 원칙과 현실 원칙은 둘 다 긴장의 해소라는 목적이 있기 때문에 서로 반대되는 것이 아니라는 사실을 알게 되었다. 쾌락은 신체 조직에서 일어나는 흥분, 자극 혹은 긴장이 해소된 결과 나타나는 정신적인 현상이다. 현실 원칙 역시 마찬가지다. 현실 원칙이 쾌락 원칙과 다른 점이 있다면 똑같은 목적인 쾌감을 얻기 위해 충동 해소를 미루고 조절한다는 것뿐이다. 따라서 타나토스는 에로스의 적이 아니라 오히려 친구이다. 프로이트는 에로스와 타나토스의 혼란스러운 투쟁이 바로 우리의 삶이고, 우리의 역사이고, 우리의 사회라고 보았다. 우리의 삶은 그 투쟁이 하나의 뫼비우스 띠처럼 연결된 길이다.

인간을 인간답게 만드는 행동, 현실 원칙

프로이트는 정신분석을 통해 몇 가지 인물 유형을 정리했다. 가장 인상적인 것은 '성공했기 때문에 실패하는 사람'이다. 그런데 성공과 실패는 삶과 죽음처럼 반대 개념인데, 둘 사이에 인과 관계가 있으리라고 생각하기는 어렵다. 행복에 겨워 제 복을 걷어차는 사람처럼 오해하기가 쉽다. 프로이트는 상황을 제대로 이해하기 위해 다음과 같은 사례를 분석했다.

좋은 가정에서 태어나 좋은 교육을 받은 한 여성이 있다. 그녀는 소녀일 때 삶에 대한 갈증을 참지 못하고 집을 나가 모험을 했다. 그러다 한 예술가를 만났고, 예술가는 이 여성에게 신비한 매력을 느꼈다. 그리고 동거를 시작했다. 예술가가 생각하기에 경제적 부분을 빼놓고는 행복의 조건을 다 갖추었다. 그렇게 몇 년이 지난 뒤, 예술가의 가족도 이 여성에게 호감을 느끼게 되었다. 드디어 결혼할 수 있게 된 것이다. 그런데 바로 그때 여성에게 갑자기 정신 이상이 나타났다. 그녀는 결혼 후 주부가 될 것임에도 전혀 집안일을 돌보지 않았다. 자신을 받아들이기로 한 예술가의 부모에게는 학대받고 있다고 생각했다. 그리고 남편의 모든 인간관계를 질투했으며, 예술 작업을 방해했다. 그리고 급격히 치료 불가능한 정신 이상 징후를 보이기 시작했다.

이 이야기를 드라마로 만들었다면 억지스런 막장 드라마라는 비판을 면하기 어려울 것 같다. 모든 일이 잘 진행되어 욕망이 충족되는 순간에 스스로 방향을 바꿔 실패의 길로 돌진하는 주인공을 이해하기란 쉽지 않다. 하지만 프로이트는 욕구 불만이 신경증 환자를 만든다는 원칙만 잊지 않고 이 사례를 본다면 이해하기 어렵지 않다고 주장했다. 프로이트는 욕구 불만을 외적인 것과 내적인 것으로 구분해서 생각하면 이해하기 쉽다고 말했다. 리비도가 만족을 얻을 수 있는 대상이 현실에서 사라져 버리면 외적인 욕구 불만이 생긴다. 외적인 욕구 불만이 내적인 욕구 불만과 연결되기 이전에는 병적인 것이 되지 않는다. 한편 내적인 욕구 불만은 필연적으로 자아에서 나온다. 그리고 리비도가 차지하려는 다른 대상을 허락하지 않는다.

예를 들어 어떤 청소년이 젊은 가수를 좋아했는데 외국 진출 때문에 장시간 텔레비전에서 그 모습을 볼 수 없다면 외적인 욕구 불만이 생긴다. 청소년이 단지 가수를 좋아하는 팬이라면 별문제 될 것이 없다. 좀 서운하기는 해도 그 기간 동안 다른 연예인에게 관심을 쏟거나, 공부, 일 등을 하며 욕구를 발산하면 된다. 다양한 형태로 리비도가 변형될 수 있기 때문이다. 그러나 자아가 그 가수와 자신을 특별한 관계로 여기고 있다면 심각한 갈등이 생긴다. 만약 자신이 그 가수의 애인이라고 생각한다면 맘대로 떠난 가수의 행동을 용서하기 어렵고, 내적인 욕구 불만은 걷잡을 수 없이 커질 수 있다. 다른 대상으로 리비도를 전환할 수도 없다.

Sigmund
Freud

그런데 앞의 사례에서 예술가와 결혼 직전에 왜 그녀는 병에 걸린 것일까? 이것은 내적인 욕구 불만이 고립된 채 작용하기 때문이다. 내적인 욕구 불만은 욕망이 충족되어 외적인 욕구 불만이 사라진 이후에만 나타난다. 자아는 욕망이 환상의 수준에 머물러 있으면 별로 경계하지 않는다. 여성은 예술가와의 결혼을 바란다고 생각하고, 또 그렇게 예술가에게 말했지만, 그것은 욕망이 환상 수준에 머물러 있어 꿈꾸듯 표현한 것뿐이다. 그런데 정작 욕망이 현실이 되려고 할 때에는 자아가 자신을 욕망으로부터 보호하기 위해서 작동한다. 자아의 기본 역할은 이드의 욕망 충족이 아니라, 검열임을 잊지 말아야 한다. 자아는 부모와 인연을 끊고 집을 나와 맘대로 결혼하려는 그녀의 현실을 보게 했다. 그래서 견딜 수 없는 죄의식을 주체하지 못해 미쳐 버린 것이다.

프로이트는 "성공했기 때문에 실패하는 사람"의 대표적인 예로 셰익스피어 작품 《맥베스Macbeth》를 들었다. 《맥베스》는 스코틀랜드의 왕이었던 제임스 6세가 영국의 왕위에 오를 때의 상황과 맞물려 나온 셰익스피어의 연극이다. 프로이트는 당시 영국 사람들이 스코틀랜드의 이야기에 열광한 이유가 바로 당시 관심이 있던 정치 상황에 대한 무의식을 자극했기 때문이라고 생각했다.

《맥베스》 안의 사건은 불과 일주일도 안 되는 시간에 일어난다. 그만큼 긴박하게 이야기가 진행되어 긴장감이 높다. 스코틀랜드의 장군이던 맥베스는 자신이 왕이 될 것이라는 마녀의 예언에 현혹되었다. 그래서 자신의 부인과 짜고 자기의 성을 방문한 국왕 던컨을 살해하고 왕위에 오른다. 그리고 자신의 자손이 장차 왕자가 된다는 예언을 믿고, 친구인 뱅코 부자父子를 암살할 계획을 세운다. 하지만 그의 아들은 도망친다. 곧 맥베스의 폭정을 저주하는 목소리가 전국에 퍼지고, 결국 반란이 일어난다. 그러자 맥베스는 다시 마녀를 찾아가 예언해 달라고 요구한다. 마녀는 버넘 숲이 그의 성을 공격하지 않는 한 안전하며, 여성으로부터 태어난 사람은 결코 그를 패망시킬 수 없다고 예언했다. 인간이라면 여성에게서 태어나는 것이 당연하니 절대로 자신은 패할 수 없다고 생각한 맥베스는 마음을 놓았다. 그러나 던컨 왕의 혈족인 말콤을 추대한 맥더프가 인솔한 군대는 버넘 숲 속의 나뭇가지를 베어 들고 몸을 감추면서 맥베스의 성을 공격한다. 이때 부인이 미쳐서 죽은 뒤 힘을 잃은 맥베스는 최후의 용기를 내어 싸운다. 그런데 맥더프는 만삭이 되기 전 제왕절개로 태어나 정상적으로 태어난 사람이 아니었다. 그 사실을 알게 된 맥베스는 갑자기 힘을 잃고 결국 대결 끝에 맥더프에게 죽임을 당한다.

이 이야기에서 프로이트가 특히 관심을 기울인 등장인물은 맥베스의 부인이었다. 프로이트는 이렇게 말했다.

"그녀는 어떤 망설임이나 내적 갈등도 없었다. 야망을 갖고 있으면서도 동정심이 많은 탓에 망설이고 있던 남편을 설득하는 것이 그녀의 유일한 목표였다. 그녀는 심지어 범죄를 통해 성취한 야망에 눈이 멀어 장차 자신에게 맡겨질 여성의 결정적인 역할을 염두에 두지 못한 채, 살해 계획을 실현하려고 여자다움마저 포기하고 만다."

맥베스의 1막 5장에는 프로이트가 지적한 대로 "나를 여자가 아니게 해다오."라며 여자다움을 포기하는 대사가 나온다. 그런데 그렇게 단호한 마음으로 던컨을 죽이고 마침내 왕비가 되었을 때 그녀는 환멸을 느낀다. 맥베스가 피에 젖은 두 손을 들고 어쩔 줄 몰라 할 때, 옆에 다가와 차분하게 손을 씻으라고 권한 그녀였지만 가장 크게 흔들린 것은 바로 그녀 자신이었다. 맥베스가 아닌 그녀가 잠을 못 자게 되었으며, 왕을 살해한 날부터 몽유병자가 되어 남편이 지은 죄를 대신 이야기하고 다녔다. 그러다가 결국 미쳐서 죽었다.

프로이트는 이렇게 된 이유를 아이를 낳을 수 없었던 그녀의 약점에서 찾았다. 그리고 어떻게든 운명에 반항하려 했지만 결국 자신이 자연의 법칙 앞에서 얼마나 무력한 인간인지를 확인할 뿐이었다. 왕비가 되었어도 아이를 낳을 수는 없었다. 여기에 한 가지 더 고려해야 할 것이 있다.

성공의 순간은 분명 성공을 바라던 예전 상태와는 다르다. 그리고 성공한 사람은 성공을 바라던 사람과는 분명히 다른 사람이다. 바로 그렇게 다른 사람이 되는 순간에 윤리 의식이 다시 깨어나 죄의식을 느꼈다. 갑자기 눈앞에 튀어나온 현실 원칙은 성공의 눈부신 빛을 앗아간다. 그래서 기쁨을 맛보지 못한다.

대신에 자신과 후손의 번영을 얻으려고 왕을 살해한 범죄가 모든 것을 잃는 계기가 되었음을 그녀는 직감했다. 그렇게 성공하는 순간에 환멸을 느꼈고, 결국 미쳐서 죽은 것이다. 평생 열심히 살려고 발버둥친 것처럼 보이지만, 사실은 강한 자기 파멸의 욕구인 타나토스에 의해 맥베스는 죽음까지 이른 것이다.

프로이트 이론으로 보는 현대 사회의 문제

문명이 발달하면서 문제도 더 많아지고 있다. 현대 사회의 가장 큰 문제 중 하나는 심리적 문제이다. 과거 사람들과 비교했을 때 가장 확실히 구별되는 현대인의 특징은 다른 사람을 사랑하는 것보다 훨씬 더 많이 자기 자신을 사랑한다는 것이다. 이것이 때로는 심각한 사회 문제를 일으킨다. 특히 현대 사회에서는 자기애自己愛가 폭력성과 연관되어 큰 파장을 일으킴에도 이 과정이 워낙 은밀해서 눈치 채는 사람이 드물다. 프로이트의 이론이 아니었다면 무시될 수도 있었을 문명의 폐해이다.

학문과 인생에 대한 통찰이 정점에 이른 프로이트는 쉰여덟이 되던 1914년, 나르시시즘narcissism 개념을 내놓았다. 프로이트는 원래 오이디푸스 콤플렉스에 의해 리비도는 부모라는 대상에 집착하게 되어 있지만, 현실적인 제약으로 좌절하기 때문에 결국 자아에 집착한다는 것으로 설명했다. 애착 대상이 자신으로 바뀌면서 다른 대상에 대한 애착은 줄어들고 자의식은 증가하는 역동적 관계를 나르시시즘의 특징이라고 프로이트는 생각했다.

나르시시즘은 그리스 신화의 나르키소스Narcissus에서 유래했다. 나르시시즘에 빠진 사람을 뜻하는 나르시시스트Narcissist는 자기 자신으로 가득 차 있는 사람이다. 고집이 세고, 자신을 전설적인 인물이나 되는 것처럼 생각하고, 자신만을 사랑한다. 그런데 대부분 나르시시스트는 단지 자신감이 있는 정도가 아니라 과할 정도로 자신감에 넘친다. 한마디로 말하자면, 나르시시스트는 자신을 너무 존경한다. 여기까지 이야기를 들어보면 나르시시즘은 개인적 성격 문제에서 멈출 것 같다. 그러나 실제로는 그렇지 않다. 여러 가지 경제적, 사회적, 정치적, 문화적 문제 뒤에는 나르시시즘이 원흉으로 숨어 있다.

부부나 애인 사이의 정서적 유대감이 떨어지고, 별거와 이별이 증가하게 된 현상. 부모가 '내 아이는 특별하다'고 더 많이 생각하게 된 현상. 젊은이들이 인터넷 사교 사이트에 집착하게 된 현상. 학생들 사이에서 폭력이 심각해지고 그런 폭력 장면을 자랑스럽게 인터넷에 올리는 현상. 이 모든 것은 나르시시즘과 관련이 있다. 미국의 저명한 심리학자인 진 트웬지Jean Twenge와 조지 캠벨George Campbell은 2009년에 내놓은 저서 《나는 왜 나를 사랑하는가Narcissism Epidemic》에서 전 세계를 휩쓸고 있는 병리 현상 뒤에 나르시시즘이 있음을 밝혔다. 두 박사는 나르시시즘이 우리가 이미 발을 담그고 있는 새로운 현실임을 지적했다. 자신이 원하는 학점을 줄 때까지 교수 사무실에 죽치고 앉아 말싸움하는 학생과 자식의 직장에 찾아오는 부모, 혹은 부모에게 당당히 그것을 요구하는 자식, 빚을 지고서라도 명품을 사는 사람들, 유명인이 된 기분을 즐기기 위해 성대한 파티를 여는 사람 등의 이야기를 예로 들었다. 만약 저자들이 대한민국의 여러 사건을 참고했다면, 신문과 방송의 사회면을 뜨겁게 달구던 노인에게 막말하거나 폭행하는 청년 등 여러 패륜 사건도 소개했을 것이다. 이것은 모두 나르시시즘, 즉 자기에 대한 과도한 사랑에 빠져 이드의 욕구 충족에 집중하느라, 초자아의 사회적 시선, 사회 규범을 고려하지 않아 생긴 문제이다. 나르시시스트는 세상의 중심이 자기라는 생각에 다른 사람에게 자신의 권리를 당차게 요구한다. 다른 사람이 자신을 비판해도 "나는 너희에 말에 신경 안 써. 왜? 나는 너희보다 더 소중하니까" 내지는 "남의 일에 신경 꺼!"라는 식으로 반응한다.

나르시시즘 성격 장애NPI 검사 항목 중에는 '나는 내가 특별한 사람이라고 생각한다'가 있다. 자신을 특별하다고 생각하는 것은 나르시시즘의 가장 큰 특징 중 하나이다. 나르시시스트는 자신이 특별하다는 생각 때문에 새치기해도 되고, 무언가를 공짜로 얻어도 되며, 다른 사람을 열등한 존재로 취급해도 된다고 믿는다. 그래서 남의 기회를 당당히 빼앗는다. 자기 자신에게만 집중하다 보니 이드의 공격성이 극대화된다. 그래서 자신의 편익을 위해 다른 사람을 손쉽게 짓밟는다. 집단 따돌림을 시키거나, 물리적 폭력을 가한다. 자신은 그래도 될 권리가 있는 것처럼 생각해서 자랑스럽게 동영상을 인터넷에 올린다. 졸업식 알몸 동영상이나 집단 패싸움, 심지어 교사 폭행 동영상까지 자신의 특별함을 드러낼 기회라고 생각하고 인터넷에 올리거나 주변에 자랑한다.

그러나 사회는 쾌락 원칙이 아니라, 현실 원칙에 의해 움직인다. 그것을 본 다른 사람이 사회 규범을 언급하며 비판한다. 그러나 사건을 일으킨 당사자는 왜 자기를 욕하는지를 진심으로 이해하지 못한다. 나르시시스트에게는 그 모든 것이 자랑스러운 자신을 드러내는 방법이다. 멋지다는 말을 못할망정 비판을 하다니 모두 감각이 한참 뒤쳐진다고 속으로 생각할 뿐이다. 나르시시스트는 이런 공격적인 자신의 행동에 사람들이 반대하면 더욱 폭력적으로 변한다. 자신의 주장이 관철되도록 아이처럼 떼쓰거나, 언어폭력이나 무력을 행사하기도 한다. 특히 범죄를 저지른 사람은 잘못을 인정하기보다는 이런 상황이 벌어지게 한 사회에 문제가 있다고 말한다. 이드가 강해서 성숙하지 않은 방어 기제인 부정이 나오는 것이다. 자신은 억울하다며 분통을 터뜨리는 부패 연루자나 각종 사기 사건의 피의자 뉴스 인터뷰를 심심치 않게 듣게 될 정도로 나르시시즘적 성향이 강한 사람이 범죄를 저질러 사회에 끼치는 악영향은 크다.

　　나르시시즘이 개인의 삶과 사회를 이렇게 망치고 있다면 어떤 심리적 처방을 내릴 수 있을까? 나르시시즘은 자신만을 사랑하는 것이다. 그러나 나르시시즘을 고친다며 자신을 사랑하지 않게 한다면 자기혐오나 자살 등의 또 다른 문제가 생길 수 있다. 그러니 자신을 사랑하되 올바르게 해야 한다. 올바른 자기 사랑 방법 중에는 놀랍게도 남을 더 생각하는 것이 있다. 인간은 사회적 동물이기 때문에, 주변 사람의 인정을 받는 것으로 자신에 대한 사랑을 키울 수 있기 때문이다. 자기 혼자 사랑하는 것보다, 다른 사람까지 사랑하면 사랑의 총량이 클 수밖에 없다.

사랑의 총량을 크게 하는 방법은 겸손이다. 잘난 척하기보다는 겸손한 것이 다른 사람에게 인정받는 지름길임을 인식해야 한다. 그러려면 특정 상황을 놓고 입장 바꿔 생각하기를 해도 좋다. 예를 들어 공동 과제를 발표할 때 참여 정도를 여러 사람이 듣도록 공개하는 것이다. 그러면 모든 것을 자기가 한 것처럼 말할 때보다 다른 사람의 공헌도를 거론하며 자신의 몫은 줄이는 발표자에게 더 호감이 간다는 것을 직접 확인할 수 있을 것이다.

다른 방법은 다른 사람과 공통점을 찾는 것이다. 슬픈 일이 있을 때나 기쁜 일이 있을 때나 다른 사람과 공통점을 찾는다면 자신만 특별하다는 생각을 하지 않게 된다. 그리고 폭력을 쓰고 싶을 때 피해자와 자신의 공통점이 눈에 많이 들어온다면 마치 자신을 때리는 것 같아서 포기하게 될 것이다. 나르시시즘은 자기만 보는 병이다. 다른 사람이 눈에 보이면 그만큼 나르시시즘에서 멀어지고, 우정이나 사랑 등의 연대감이 강해진다.

이런 두 방법은 개인적 문제를 해결하면서도 사회 분위기를 좋게 하는 장점이 있다. 프로이트 이론에는 심각한 사회 문제를 해결할 수 있는 좋은 단서가 있다.

프로이트 이론으로 보는 역사적 관점의 문제

문명은 과거를 야만으로 규정지으며, 현재 상태가 더 발전된 역사인 것처럼 생각하게 한다. 문명에 대한 신념이 강할수록 문명으로 채워진 일상을 당연하게 여긴다. 그래서 아예 현대 문명이 마치 예전부터 있던 것이며, 그 이전의 일은 거의 원시 시대처럼 아득히 먼 것처럼 여기게 된다. 그러나 사실은 이와 다르다.

2010년 현재, 하루 10억 회 이상의 클릭 수를 자랑하는 세계적인 인터넷 회사인 구글google은 기존의 검색 서비스 이외에 유튜브YouTube와 구글어스google earth 등 다양한 형태의 서비스를 하고 있다. 미국과 유럽을 중심으로 한 전 세계 네티즌은 구글이 제공하는 서비스 속에서 사이버 생활을 하고 있다. 하지만 구글은 1998년에 대학생이 만든 조그만 벤처 회사로 서비스를 시작했다. 당시에 구글은 전혀 조명받지 못했다. 아니 구글만이 아니었다. 인터넷을 통해서 인간의 생활 양식이 변할 것이라는 주장에 대해서 먼 미래의 일이라고 생각한 사람이 많았다. 사람들이 주목한 것은 따로 있었다. 1998년 당시 최고 흥행 기록 영화는 '타이타닉Titanic'이었다. 사람들은 직접 극장에 가서 줄을 서서 영화를 예매했다. 하지만 10년이 지나고 '타이타닉'을 만든 제임스 캐머런James Cameron 감독이 2009년 내놓은 또 다른 흥행작 '아바타Avatar'를 볼 때는 대부분 인터넷으로 예매했다. 특히 아이맥스 영화관은 인터넷 예매 서비스를 열기가 무섭게 바로 몇 분 만에 매회 매진되었다. 불과 10년 사이에 큰 변화가 생긴 것이다. 지금은 인터넷이 없는 문명을 생각하기 쉽지 않다. 그래서 인터넷이 없던 역사는 실제보다 훨씬 먼 과거처럼 느껴진다. PC 통신이 무엇인지 아는 청소년도 많지 않다. 그러나 PC 통신은 1998년에도 엄연히 서비스하고 있었고, 당시 비쌌던 인터넷보다 이용자가 많았다. PC 통신과 관련된 잡지도 몇 개 있었지만, 지금은 용어조차 낯설어 마치 수십 년 전의 일처럼 느껴진다. 왜 이런 것일까?

독일 사회학자인 노베르트 엘리아스Norbert Elias는 프로이트의 이론을 적극 활용해서 이런 역사적 인식의 왜곡 현상을 설명했다. 엘리아스는 그의 저서 《문명화 과정Über den Prozeß der Zivilisation》에서 유럽은 중세까지만 해도 현재 생각하는 것처럼 문명화된 사회는 아니었음을 지적했다. 포크가 나타나기 전인 중세 후반까지만 해도 고기를 손으로 뜯어 먹었다. 그리고 자기 접시, 자기 숟가락이라는 개념이 없어서 모든 것을 공동으로 사용했으며, 위생 개념도 형편없었다. 프랑스 궁전은 그곳을 오간 사람이 여기저기 맘대로 눈 대변과 소변으로 악취가 심했다. 위풍당당한 모습을 자랑할 것 같은 기사든, 도도한 귀부인이든 길거리에서 소변을 보았다. 남녀 구별 없이 목욕했으며, 심지어 목욕탕에 가기 위해 집에서부터 옷을 벗고 나서는 사람도 있었다. 당시의 인물과 풍경을 그린 고상한 초상화와 풍경화를 보면 이런 야만적인 상황 묘사가 이해되지 않을 수 있다. 그러나 엘리아스는 많은 문헌과 풍속화 등에 대한 연구를 통해 실제로 근대화 시점까지 있었던 일들을 추적했다. 그래서 이른바 '위대한 서구 문명'이 얼마나 오랜 시간 동안 야만적이었는지를 밝혔다. 아울러 문명의 역사를 어떻게 실제보다 더 오래된 것처럼 생각하도록 왜곡하게 되었는지도 밝혔다.

엘리아스는 야만적이던 서구 사회가 왜 근대에 들어오면서 문명화되었는지가 궁금했다. 그 결과 지배 계급인 왕족과 귀족, 신흥 부호 등이 피지배계층과 자신들의 행동이 다를 바 없다는 자각을 하면서 사회 변화가 일었음에 주목했다. 중세 사회는 십자군 원정으로 뿌리가 흔들렸다. 기존 봉건 영주들의 세력이 약해지고 절대 왕정이 나타났다. 그러면서 지배 계급은 급격한 사회 변화와 상관없이 신분 질서를 유지하려면 자기네 계급이 우월하다는 것을 보여 줘야 함을 깨달았다. 지방에서 자신의 힘을 과시하는 토호 세력을 철저히 통제하려고 중앙과 지방 사이에는 의사소통하는 방식부터 확연히 다른 각종 의례와 규칙이 발전했다.

그 역사적 예로 유럽의 중앙 정부는 군대와 세금 징수권을 차지해서 기존의 지방 영주의 힘을 빼앗았다. 그러면서 지방의 불만과 공격성을 약화하기 위해 각종 스포츠를 활성화했다. 지역 단위로 운동 경기를 하는 것은 마치 해당 지역의 결속을 다지는 행동 같아 보인다. 하지만 결국에는 각 지방이 경쟁하고 최종 우승자는 중앙 정부의 대표가 상을 내림으로써 지방과 중앙 정부 사이에 명백한 상하 권력관계가 있음을 일반인에게 교육할 수 있었다. 덕분에 근대 이후 사람들은 지역 대회 우승보다는 전국 대회 우승을 더 가치 있게 보는 경향이 생겼다. 또한, 운동 경기가 기본적으로 신체의 힘을 사용하는 것임에도 정신을 통제하는 엄격한 규칙이 도입되었다. 그리고 경기와 관련된 기구, 깃발, 경기장, 시기 등을 자세히 규정하는 정중한 의례가 정해졌다. 그래서 해당 경기를 접하는 사람 모두 자신을 규칙에 맞게 통제하게 하였다. 즉 스포츠는 그냥 수단과 방법을 가리지 않고 이기면 되는 것이 아니라, 통제된 범위

프로이트를 통해 이해하는 사회와 역사

안에서 행동하는 법을 알려 주는 효과적인 문명화 교육 창구가 되었다.

재미있는 것은 현대인 중에서도 스포츠의 규칙을 모르는 사람은 초자아적인 규범이 아니라, 본능에 가깝게 편리한 방식으로 현상을 본다는 것이다. 예를 들어 야구에 문외한인 사람은 경기에서 홈런을 쳤는데 굳이 경기장에 있는 1루, 2루, 3루를 거쳐 다시 홈으로 돌아오는 식으로 힘들게 뛰어야 하는 이유를 알지 못한다. 타석에서 공을 쳐서 몇 초 뒤에 홈런이 확인되었으면, 그냥 본능대로 기쁨의 환호성을 지르며 한시라도 빨리 자신의 동료가 있는 더그아웃으로 뛰어들어 가 즐거움을 나누면 되지 않는가. 점수는 심판이 알아서 계산해 주고 말이다. 그게 너무 격식이 없다고 생각하면 그냥 홈을 한번 밟고 더그아웃으로 가게 하는 규칙으로 대체하면 어떠냐고 제안할 수도 있다. 그러나 이 말은 야구 규칙을 아는 사람이 한숨을 푹푹 내쉬게 하기 딱 좋다. 문명은 그 세부 사항을 잘 모르는 사람을 덜 교육받은 사람, 좀 더 야만에 가까운 사람으로 여기게 해서 쉽게 무시하게 한다. 그리고 자신이 뭔가를 잘 모르면 수치스러움을 느끼게 한다.

문명은 운동 경기뿐만 아니라 일상생활의 변화도 가져왔다. 예전에는 도적 소굴처럼 모두 모여 손으로 먹던 식당을 새롭게 계급으로 나누고, 고기와 채소 전용 포크를 구별하고, 다양한 식기를 사용하는 식사 법칙을 만들었다. 옷 입는 것, 자는 곳 등등의 기본 생활과 관련된 예절 규칙이 발달했다.

현대인은 일상적으로 정해진 예절에 어긋난 행동을 할 때 자연스럽게 수치심을 느낀다. 그래서 수치심을 당연한 것처럼 여긴다. 심지어 포크를 사용하기 전에 손으로 게걸스럽게 고기를 뜯어 먹던 중세인의 이야기를 들으면 같은 인간으로서 좀 수치스러운 기분마저 들기도 한다. 현대인은 자신을 문명인이라고 생각하고, 문명화는 본능을 억압하는 과정에서 나오고, 수치심은 본능이 아닌 초자아, 즉 사회적 규범에 의존해서 판단할 때 느끼는 감정이기 때문이다.

엘리아스는 "문명화 과정은 개인적 심리 차원에서 '외부 통제'로부터 '자기 통제'로의 이행"이라고 했다. 프로이트가 이드의 욕망을 초자아가 억압하며 사회화가 진행되는 것으로 본 것처럼, 엘리아스는 문명화를 본 것이다. 프로이트가 개인적 차원에서 초자아가 이드를 억압하는 과정을 가지고 사회화를 이야기했다면, 엘리아스는 사회·역사적 차원에서 사회 규범이 본능을 억압함으로써 문명화되었다고 이야기한 것이다.

근대에 지배 계급이 예절을 가르친 목적은 피지배 계급과의 확실한 구별을 통해 자신들의 신분을 보장받기 위해서였다. 신분 질서 유지가 목적이었으니 상류 계층은 상류 계층대로, 하류 계층은 하류 계층대로의 예법이 따로 있었다. 그래서 지배 계급은 예법이 잘 지켜지는지 감시하고 통제했다. 마치 이드를 감시하고 조율하는 초자아처럼 말이다. 그러나 사람들이 상류층을 동경하는 문화가 전파되면서 피지배 계층도 그 예절 규범을 따라했다. 지배층이 노골적으로 감시하지 않아도 피지배 계층은 알아서 예절을 따른 것이다. 결국, 19세기에는 인간으로서 당연히 따라야 하는 도덕으로 정당화되었다.

예절과 도덕으로 상징되는 문명화는 출발점부터 계층에 따라 사회적 가치가 다름을 확실하게 구분하는 것이 목적이었다. 그래서 문명화 과정이 있기 전의 역사는 아주 야만스러운 상태로 보이게 하는 전략을 택한다. 덕분에 현대인은 과거의 문명을 현재의 것보다 훨씬 열등한 것이나 야만스러운 것으로 보게 된다. PC 통신 시대에는 오프라인에서 모든 것을 처리하는 사람을 덜 개화된 인물로 보았으며, 인터넷 시대에는 PC 통신 사용자를 변화에 제대로 대처하지 못하는 덜떨어진 사람으로 보았고, 스마트 폰 시대에는 구형 휴대 전화를 갖고 음성 통화만 하는 사용자를 시대에 뒤처지는 사람으로 묘사한다.

문명은 역사적으로 이 모든 일을 눈에 띄지 않게 진행해 왔다. 그래서 사람들은 사회 규범에 자신을 맞추는 과정에서 자신도 모르는 사이에 문명화 과정에 참여한다. 다른 가능성, 자신의 본능은 방향이 다를 수도 있음을 생각하지 못한 채 문명의 가치 기준에 맞는 것만 선택한다. 그렇게 문명의 역사는 진행된다. 덕분에 야만과 문명의 차이는 실제보다 더 과장되거나 문명을 강조하느라 현재 문명의 흐름이 실제보다 더 오래전에 시작된, 당연한 것으로 생각하기 쉽다. 엘리아스의 저서 《문명화 과정》은 프로이트의 이론을 바탕으로 이러한 역사적 시각의 문제점을 생각하게 한다는 점에서 큰 의의가 있다.

억압이 문명을 만들었을까?

프로이트의 문명에 대한 이론은 독일 철학자 헤르베르트 마르쿠제Herbert Marcuse에 의해 비판적으로 계승되었다. 마르쿠제는 제1차 세계 대전을 전후로 전개된 독일의 정치적 격변기를 체험하면서 마르크스주의를 수용하였고, 나중에 프로이트의 이론을 접했다. 그리고 마르크스와 프로이트 이론을 창조적으로 비판한 프랑크푸르트 학파의 정식 회원이 되어 대표적 사상가로 자리 잡게 되었다.

마르쿠제는 1898년 독일 베를린에서 태어났다. 베를린 대학과 프라이부르크 대학에서 철학과 사회학을 공부하였고, 이때 현상학을 창시한 후설과 하이데거 같은 철학의 대가에게 가르침을 받았다. 이후 호르크 하이머가 주도한 사회 조사 연구소의 공동 연구자로 참여했다가 1933년 연구소를 따라 스위스 제네바로 망명했다. 1934년 미국 뉴욕으로 이주한 후 철학자로서 강연과 집필 활동을 하며 살다가 CIA에서 정보 분석에 참여하는 등 변화무쌍한 삶을 살았다. 하지만 그는 어디까지나 현실적인 개혁을 원하는 철학자였다. 그래서 세계를 개선하기 위해 1979년 여행 도중 사망할 때까지 강연과 집필 활동을 멈추지 않았다. 그의 철학은 베트남 전쟁과 각종 학생 운동, 시민 혁명의 사상적 배경이 되면서 '신좌파의 아버지'로 인정받으며 좌파 이론가의 기본 교양으로 자리 잡게 되었다.

마르쿠제는 서구 선진국의 산업 사회를 부정적으로 비판하는 것에서 철학을 출발시켰다. 그래서 기존 사회를 비판하는 데 유용한 헤겔 철학, 현상학, 실존주의, 마르크스주의, 프로이트 이론 등을 다양하게 수용하고 비판하면서 자신의 사상을 전개했다. 특히 그의 사상 중심은 마르크스주의였다. 마르쿠제가 보기에 서구의 자본주의는 인간을 도구로 수단화하며 소외하고 비인간화하는 체제였다. 아울러 인간의 진정한 욕구를 억압하는 비인간적 합리성을 비판하며 인간이 인간다운 행복을 누릴 수 있는 사회를 만들려면 자본주의와 비인간적 합리성을 없애야 한다고 주장했다. 그래서 합리적인 것처럼 체제화된 일부 권력 계급의 민주주의 역시 철폐하고 일반 민중이 권력을 운용하는 사회적 민주주의를 세워야 한다고 주장함으로써 정치적으로 급진주의자로 분류되었다. 그러면서도 과격한 변화만이 아니라 인간이 중심이 되어 자유와 행복을 누리는 따뜻한 휴머니즘을 강조했다. 그래서 인간이 중심이 되지 않는 공산주의를 싫어해 반공주의를 펼치기도 했다. 독특한 그의 철학은 기존의 억압 체제를 거부하면서 자유와 해방을 갈망하던 수많은 사람, 특히 학생과 젊은이에게 절대적인 지지를 받았다.

마르쿠제가 비인간적 합리성을 증오했다고 해서 무절제한 감성의 해방을 이야기한 것은 아니었다. 오히려 그는 저서《이성과 혁명 Vernunft und Revolution》에서 '이성'으로 자유를 얻기 위한 혁명을 하라고 강조했다. 마르쿠제는 현재의 수구 체제를 '부정'하고 현실의 문제점을 깨닫는 '부정의 힘'인 이성을 갖추고, 기존의 모든 것을 '거부'하여 사회와 역사의 변화를 이끌어나갈 것을 사람들에게 주문했다. 이렇듯 부정의 철학을 담은 그의 저서는 사회 변혁을 위한 선언문과 같아 가슴을 뛰게

Sigmund
Freud

하는 특성이 있으면서도 이성적으로 논리를 고민하게 만드는 독특한 매력을 갖는다. 마르쿠제는 저서 《일차원적 인간 Der eindimensionale Mensch》을 통해 현대 사회의 문제점과 비인간화되는 현실을 날카롭게 비판했다.

이 책에서는 특히 마르쿠제가 저서 《에로스와 문명 The Eros and Civilization》을 통해 프로이트 이론을 비판했던 것에 집중하여 가상 토론을 구성했다. 프로이트와 마르쿠제 이론의 차이와 현대 문명의 올바른 발전 방향을 함께 살펴보자.

> 프로이트 선생님을 뵙게 되어 영광입니다. 저는 선생님께서 문명을 비판적으로 생각하신 것에 큰 영향을 받았습니다. ▸ **마르쿠제**

프로이트 ◂ 나 역시 마르쿠제 선생을 만나게 되어 반갑습니다. 주변 사람들 말에 따르면, 마르쿠제 선생이 새로운 문명론을 주장하셨다고 하던데, 그 내용을 설명해 주실 수 있는지요?

> 선생님께서 이미 지적하셨듯이 근대인은 문명이 장밋빛 미래를 보장해 줄 것이라 믿으며 너나 할 것 없이 조직의 일부가 되어 열심히 일했습니다. 그런데 어떻게 된 것인지 인간이 문명을 이용하는 것이 아니라, 문명이 우리의 삶을 옭아매는 상황이 벌어졌습니다. 인간은 기계 부품처럼 취급받고, 여러 가지 고통에 시달렸지요. ▸ **마르쿠제**

프로이트

그것은 어쩔 수 없는 일이지요. 제가 《문명 속의 불만》에서
지적했듯이 욕망과 문명의 갈등은 불가피합니다.
현대 산업 사회가 발달할수록 인간의 본능적 에너지인
충동을 노동으로 승화해야 성장을 유지할 수 있습니다.
그러기 위해서는 본능을 억압하는 힘도 더욱 세질 수밖에
없지요. 그런데 억압이 세지면 어떻게 되겠습니까? 당연히
억압당하는 인간의 불만족도 그에 따라 커지겠지요?
이렇듯 문명과 불만은 불가분의 관계에 있습니다.

선생님께서는 인간이 쾌락을 추구하는 것은
본능이라고 말씀하셨지요. 하지만 사실 우리는 쾌락을
맘껏 추구하기보다는 고통을 조금이라도 덜 당하려고
노력합니다. 현실에서는 쾌락보다는 고통을 맛볼 기회가
훨씬 잦기 때문이지요. 그래서 사람들은 문명으로 고통을
조금이라도 줄일 수 있다면 기꺼이 쾌락을 희생하는
쪽으로 타협했습니다. 그런데 타협했지만, 불만이
커지는 것은 어쩔 수 없습니다. 불만이 큰 사회의 미래는
어떤가요? 아주 불안하기 짝이 없습니다. 어쩌면 불만에
가득 찬 군중이 어느 순간에 공격성을 분출해서
사회 자체가 공중 분해될지도 모릅니다. 그러니 개인이나
사회를 위해서 단지 본능이 억압되어서만은 안 됩니다.
타협만 계속할 수는 없으니, 건설적인 대안을 만들어서
새로운 미래를 만들어야 합니다.

마르쿠제

프로이트 — 어떻게요?

마르쿠제 — 선생님께서는 제1차 세계 대전을 겪으시면서 이성적인 인간이 공격성을 함부로 분출하여 현실을 지옥으로 만드는 것을 직접 보셨습니다. 그리고 제가 경험한 제2차 세계 대전 이후의 사회 모습도 "이성의 승리"와 거리가 멀었습니다. 유토피아 건설은 커녕 소외, 차별, 갈등 등 부조리한 문제가 더 많아진 듯 보였습니다. 그래서 저는 왜 문명이 발달할수록 이런 문제가 많아지는지 곰곰이 생각해 보았습니다. 그러다가 선생님께서 제기하신 "문명은 인간의 자연적 욕구에 대한 억압이다."라는 주장을 접하게 되었지요.

프로이트 — 저는 이드를 제어하는 자아의 영향력 변화로 개인이 성장하는 것처럼, 쾌락 원칙을 따르는 에로스에서 현실 원칙을 따르는 자아로 바뀌는 과정에 문명이 나온다고 생각합니다. 그러니까 문명은 본능을 억압하는 것이 그 본질이라고 정의할 수 있지요.

마르쿠제 — 저도 문명이 본능을 억압하는 것을 합리화한 상황이 곧 산업 자본주의 사회라 주장했습니다. 제가 《에로스와 문명》에 이 점을 풀어 썼던 구절을

잠시 인용하겠습니다. "선진 산업 사회의 현저한 특징은
해방을 추구하는 욕구를 효과적으로 질식시키면서
동시에 풍요한 사회의 파괴적인 힘과 억압적인 기능을
유지하고 허용한다는 점에 있다. 이 사회에는 낭비물의
생산과 소비를 요구하는 압도적으로 강한 욕구, 노동이
실제로 필요하지 않은 곳에서도 감각을 마비시킬 정도로
일하려는 욕구, 이 마비를 덜어 주고 지연시키는 갖가지
기분 전환을 추구하는 욕구, 이를테면 관리 가격에 의한
자유 경쟁, 자율로 검열하는 자유 언론, 상표와
상업 광고 사이의 자유로운 선택에서 보이는
기만적인 자유를 유지하고 싶다는 욕구 등이
사회 통제 때문에 강요되고 있다."

프로이트

마르쿠제 선생은 제가 제기한 문명론의 전제를
인정하면서도 그 억압이 '역사적 현상'임을 더욱 강조한
거군요. 저 역시 근대뿐만 아니라, 인류 문명사 전체를
고찰해서 문명의 본질은 억압임을 주장한 것입니다.

맞습니다. 저는 선생님의 주장을 좀 더 인상적으로
강조한 것입니다. 다른 것이 있다면 좀 더 건설적인
새로운 문명론을 제기하기 위해 선생님과 다른 개념을
도입했다는 거죠.

마르쿠제

186

프로이트 다른 개념이라면 어떤 것을 말하는 것인가요?

마르쿠제 저는 역사성을 더욱 분명히 설명하기 위해
'과잉 억압surplus repression'과 '수행 원칙Performance principle'
이라는 개념을 강조했습니다.

프로이트 각 개념에 대해 좀 더 자세히 설명해 주시겠습니까?

마르쿠제 네. 선생님께서 말씀하신 것처럼 문명 발달 과정에서
인간이 자신을 보존하기 위해 본능을 억압하는 것을
저는 '기본 억압basic repression'이라고 새롭게 정의했습니다.
기본 억압은 현실 원칙에 따라 어쩔 수 없이 본능을
억압하는 것이지요. 개인의 행복을 위한 적극적인
조치라기보다는 적응을 위해 불가피하게 선택하는
것입니다. 그런데 이런 선택의 이면에는 권력자의
이익이 있습니다. 개인이 현실 원칙을 받아들일 때
그 원칙은 누구의 이익을 대변하겠습니까?
쾌락을 맘껏 추구하고 싶은 개인의 것은 확실히 아니지요.
현실의 지배 구조를 가진 권력자의 이익입니다.
그러니 기본 억압은 권력자의 지배를 합리화하는
수단이라고 봐야 올바를 것입니다.

프로이트 마르쿠제 선생은 권력관계에 집중해서 제 이론과 문명을 파악하려 노력했군요. 그런데 아직은 제 이론과 확실히 차이 나는 부분이 무엇인지를 알 수 없습니다. 그저 제 이론에 대한 용어를 새롭게 정의했다는 정도이지요.

마르쿠제 저는 기본 억압 외에 권력자가 자신의 지배 체제를 확실히 다지기 위해 부가적으로 제한하는 억압이 있음을 발견했습니다. 그것을 '과잉 억압'이라고 불렀습니다. 저는 프로이트 선생님께서 제안한 본능의 두 줄기인 에로스와 타나토스에 집중했습니다. 타나토스가 따르는 현실 원칙은 에로스의 쾌락 원칙을 억압하고, 그 양상에 따라 인간의 삶은 달라지지요. 그런데 현실 원칙 아래 인간의 본능이 변형되면서, 욕망을 제어하는 당사자의 이성은 억압하는 수단으로 바뀝니다. 이성이 해방의 수단이 아니라 지배받는 논리가 되어 버리는 것이지요. 현실 원칙은 제도라는 거대한 체계로 구체화하여 결국 현실 원칙이 쾌락 원칙에 승리합니다. 억압된 욕망은 계속 현실에 영향을 미쳐 다른 억압을 만들어 내지요. 억압이 재생산되는 것입니다. 그리고 권력 지배에 필요한 억압은 권력자의 안정을 위해 현실에서 필요한 것보다 더한 수준이 됩니다.

프로이트 과잉 억압의 예는 무엇이 있나요?

188

일부일처제를 사회 규범화하고, 가부장제를 유지하고,
개인을 세밀하게 통제하려는 노력 등이 있습니다.
지금도 아마존이나 아프리카같이 자연과 더불어 사는
사회에서는 다부다처多夫多妻 문화가 일반적입니다.
그러나 소위 문명화된 사회에서는 일부일처제가
더 진보된 것처럼 포장합니다. 여러 사람이 부인과
남편으로서 책임과 권리를 나눠 갖는 다부다처제보다
한 명에게 헌신하는 일부일처제를 강조하면 최고 정점의
권력자에게 헌신하라는 주장을 자연스럽게 합리화할 수
있기 때문입니다. 마찬가지 이유로 가부장제가 더 많이
선택되었고, 현재까지 유지되고 있습니다.
왜냐하면, 가족에서 아버지가 절대적 힘을 가지는
가부장제처럼 권력자는 전체 사회의 아버지로서 권력을
유지하는 것을 합리화하기 때문입니다. 이렇듯 권력자는
기본 억압 외에 가부장제를 유지하는 데 필요한 조치를
합니다. 아버지의 성姓을 따라 자식의 이름을 짓는 것을
당연하게 여기는 것도 가부장제를 통해 권력의 기반을
다지기 위함입니다.

프로이트

들고 보니 일리가 있는 의견입니다. 그런데 개인에 대한
통제가 세밀화되는 과잉 억압의 예로는 무엇이 있나요?

권력자가 정해 놓은 방향이 아니라 사람들이 다양하게

마르쿠제

프로이트를 통해 이해하는 사회와 역사

욕구를 충족하다 보면 통제가 어렵습니다.
정도가 심해지면 권력자의 말도 안 듣게 되는 순간이
오겠지요. 이것을 두려워하는 권력자는 미리 욕구를
충족하는 다양한 통로를 막습니다. 스포츠, 영화, 의식주,
교통 등에 대해서는 아주 세밀한 수준까지 규제합니다.
경기 주기는 어떻게 할지, 몸은 어느 정도까지 노출할 수
있는지, 집의 베란다는 어떤 형태까지 변형할 수 있는지,
길을 갈 때 왼쪽으로 걸어야 하는지 오른쪽으로 걸어야
하는지 등등 세심하게 규제합니다. 어떻게 보면 이런 것은
문명 그 자체를 유지하는 것과 그렇게 상관없을 수도
있습니다. 좌측통행과 우측통행의 순서를 바꾸거나,
신호등의 체계를 바꾼다고 해서 갑자기 사회가
혼란해지고, 문명이 붕괴하지 않는 것만 봐도
알 수 있습니다.

프로이트

결국, 부가적인 억압인 셈이니 과잉 억압이라고 별도로
분류해서 봐야 한다는 것이군요. 그런데 억압에는 다
그것에 미치는 원칙이 있습니다. 저는 마르쿠제 선생이
기본 억압이라고 부른 억압에 현실 원칙이 영향을
미친다고 명확히 밝혔습니다. 그러나 마르쿠제 선생의
이야기를 들어 보면 사회적 규범이라는 모호한 말이
그 원칙을 대신하고 있는 듯하네요.

190

Sigmund
Freud

제가 미처 용어 설명을 다 드리지 않아서 그런 오해가 ————— 마르쿠제
생긴 듯합니다. 저는 '과잉 억압'에는 '수행 원칙'이
작용한다고 생각합니다. 수행 원칙은 문명을 유지하기
위해 특별히 만든 '현실 원칙'의 역사적 형태입니다.
저는 현실 원칙이 문명의 단계마다 지배자의 이익에 따라
다양한 형태로 역사에 나타난 것에 주목했습니다.
앞에서 예로 들은 가부장제나 일부일처제처럼
수행 원칙은 역사적인 형태로 개인의 선택에
지속적으로 영향을 미쳐 왔으니, 새로운 용어로
정의해야 한다고 생각했습니다.

프로이트 —————
그러니까, 마르쿠제 선생은 제가 세운 이론적 뼈대를
바탕으로 역사적 관점에서 더욱 세밀하게 개념을 정의하며
문명론을 펼치셨군요.

그렇습니다. 저는 역사를 움직인 권력을 중심으로 ————— 마르쿠제
고찰했다는 측면에서는 푸코와 비슷하게
프로이트 선생님의 이론을 변형시켰습니다.
푸코가 프로이트 선생님의 억압 가설 자체를 부정했다면,
저는 억압 가설을 좀 더 세밀하게 파고들었지요.

프로이트 —————
하지만 저에게는 두 분 다 심각하게 비판한 것처럼

들립니다. 마치 제가 권력이 심리적 조작을 하며
그 권력의 정당성을 강화하는 방향으로 움직이는 것을
몰랐다는 식으로 표현하는 듯하거든요. 특히 푸코는
제가 정치적으로 악용될 수 있는 주장을 했다는 식으로
말하더군요. 저는 분명히 그런 권력의 특성을 알고
문명론을 펼쳤습니다. 그러나 정치적으로만 해석되지
않도록 포괄적으로 제 생각을 펼치다 보니 사람들이
오해한 측면이 더 많은 듯합니다.

마르쿠제

이왕 비판에 대한 말씀이 나왔으니 용기를 내서 제 주장을
펼치도록 하겠습니다. 저는 심리적 문제는 곧 정치적
문제라고 생각합니다. 순수한 심리적인 문제는 없습니다.
왜냐하면, 현실의 개인 대부분은 엄연히 권력 구조의
하층에 놓여 있으며, 언론이나 각종 선동 매체를 통해
생각이 좌우될 수 있으니까요. 그래서 저는 심리적 개념을
정치 사회적 과제로 삼아야 할 필요성을 절감했습니다.
물론 프로이트 선생님도 개인의 심리 문제를 해결하여
사회 질서를 개혁하려고 시도하셨습니다. 그러기 위해
어떤 것이 개인을 억압하고 있는지를 살피신 것이지요.
저는 선생님처럼 억압이 있을 수밖에 없는 문명을
분석하는 것에서 나아가, 정치 철학자로서 새로운 개념인
'억압 없는 문명non-repressive civilization'을 건설하는 과제를
제안했습니다. 이게 가장 큰 차이점이지요.

Sigmund
Freud

프로이트 문명이란 억압에서 나온다는 것을 인정한다는 사람이
어떻게 억압 없는 문명을 이야기할 수 있는지 이해가 되지
않습니다. 어떻게 그런 모순이 현실적으로
가능하다는 것인지요?

타나토스가 지배하는 사회는 분명 절망스럽습니다. **마르쿠제**
우리가 바라는 유토피아와는 정반대이지요.
타나토스가 아니라면 무엇입니까? 당연히 에로스
아니겠습니까? 저는 에로스를 해방하면 억압 없는
문명이 가능하리라 생각했습니다. 그런데 이것은
추상적인 선언만으로 얻을 수 없습니다. 억압이 나타나는
정치 조건과 경제 조건을 모두 바꿔야 하지요.
그래서 정치적으로는 지배 구조의 개혁을, 경제적으로는
노동의 해방을 생각했습니다.

프로이트 구체적으로 어떻게 하면 개혁할 수 있다고 생각했는지요?

지배 구조를 개혁하려면 사회 구성원 스스로 **마르쿠제**
자신들이 억압당한다는 것을 자각해야 합니다.
권력자가 자신의 의도대로 아무리 선동하려고 해도,
문제점을 자각한 사람이 많아지면 마음대로 못할
것입니다. 그러면 지배 구조도 결국 변할 수밖에 없지요.

지배 구조가 변하면 사람들은 과잉 억압에서 벗어나
자신의 본능을 다양하게 충족할 창구를 얻게 됩니다.
에로스가 해방되는 것이지요. 해방된 에로스는 더욱더
큰 에너지를 얻어서 다른 부분의 억압도 없앨 것입니다.
이로써 억압 없는 문명을 만들게 되는 것이지요.

프로이트 노동의 해방은 어떻게 이룰 것인지요?

노동은 원래 자아실현의 수단이었습니다.
그러나 현대인의 모습을 보면 자아실현에 들뜬 표정이
아니라, 돈에 얽매여 억지로 노동한다는 생각이 듭니다.
마르쿠제

프로이트 유명한 아서 밀러Arthur Miller의 희곡《세일즈맨의 죽음Death
of a Salesman》을 봐도 그래요. 주인공인 윌리 로먼은 중년의
자동차 판매원이었지요. 부자도 아니지만, 그렇다고
가난하지도 않은 그는 딱히 불행할 이유가 없었어요.
그에게는 아내와 두 아들 비프와 해피가 있었고
윌리는 두 아들을 끔찍이 사랑했지만, 그들은 아버지의
마음처럼 자라지는 않았지요.

맞아요. 해피는 건달이 되었고, 도벽이 있던 비프는
아버지에 대한 반항으로 집을 나갔지요.
마르쿠제

프로이트 그러던 중 비프가 집으로 돌아왔지요. 큰아들에 대한 기대가 컸던 윌리는 그에 대해 큰 희망을 품었고, 새롭게 출발하자고 서로 격려했어요. 그런데 윌리는 정식 사원이 되기는커녕 회사에서 해고를 당하고, 비프 역시 운동 기구를 파는 상점을 열려고 했으나 마음대로 되지 않았어요. 믿었던 회사에서 해고당했다는 상처보다 비프의 좌절을 더 걱정한 윌리는 비프를 위해서 할 수 있는 일은 자신이 죽는 일이라고 생각했어요. 자동차 사고를 당해 죽는다면, 그가 평생 만져 보지도 못했던 액수의 생명 보험금을 받아 비프에게 줄 수 있기 때문이었지요.

마르쿠제 저도 그 희곡의 결말을 씁쓸하게 읽었습니다. 윌리는 자동차를 과속으로 몰아서 사고를 일으키고, 계획대로 죽지요. 한평생 자동차를 팔아 생계를 유지하던 판매원이 마지막으로 자동차에 자신의 목숨을 던져 자식에게 유산을 남기는 것이지요.

프로이트 《세일즈맨의 죽음》은 현대인의 소외와 산업 사회의 비정함을 고발한 허구지만, 안타까운 것은 비슷한 일이 실제로 많이 일어난다는 것입니다.

마르쿠제 그것은 노동이 자아실현 수단이 아니라, 경제적 삶의

프로이트를 통해 이해하는 사회와 역사

조건을 확보하는 수단이 되어 버렸기 때문이에요.
그래서 노동의 의미를 찾지 못하고 우울하게 삽니다.
노동의 이익을 다른 사람이 가져가도 무감각해지고요.

프로이트 그런 비판은 이미 마르크스를 통해서 많이 들었습니다.
하지만 마르크스는 현실 비판을 잘했을 뿐,
새로운 이상향 건설을 실행할 수 있느냐에 있어서는
문제가 많지 않습니까?

저도 마르크스주의의 실행성에 크게 실망했습니다. **마르쿠제**
마르크스의 이상주의는 거짓입니다.
그래서 저는 실제적인 철학을 펼치려 노력했습니다.
만약 노동이 하나의 놀이와 같다면 어떨까요?
즐거운 노동이 될 수 있도록 상황을 바꾸는 것입니다.

프로이트 그것이야말로 이상적인 것 아닌가요?

아닙니다. 노동의 대가로 현실적으로 얻게 될 돈도 **마르쿠제**
중요하지만 경제적 가치뿐만 아니라 다양한 의미를 자신의
노동에 부여하는 것입니다. 사업할 때도 그냥 돈을 많이
버는 것이 아니라, 위대한 기업으로서 사회에 봉사하고
이바지하는 것에 신경 쓰는 것이지요. 공정 무역 커피를

Sigmund
Freud

판매하는 것처럼요. 자신의 재능을 활용하여 봉사활동을 하거나, 자기가 만든 것을 다른 사람에게 제공하는 것에서 기쁨을 얻을 수 있습니다. 이렇게 된다면 기존의 왜곡된 노동 개념이 바뀔 것입니다. 노동에 새로운 활력이 생기고, 인간은 자신의 가치를 다할 때 누릴 수 있는 자유로움을 느끼게 될 것입니다. 저는 노동 자체를 없애서 행복해지자는 것이 아닙니다. 노동의 행복을 느끼지 못하게 하는 억압 구조를 바꿔서 행복해지자는 것입니다.

프로이트 마치 그리스 신화에 나오는 즐겁게 노래를 부르던 신, 오르페우스처럼 사람들이 노동하게 된다는 것이군요. 노동을 여가 활동과 마찬가지로 본다는 것은 확실히 노동에 대한 새로운 지평이네요. 놀이는 수단이 아니라, 놀이 자체가 목적입니다. 노동도 돈을 벌기 위한 수단이 아니라, 노동 자체가 목적이 된다면 새로운 변화를 이룰 수 있겠군요. 하지만 이런 변화가 정말 가능한가요?

인간을 억압했던 문명의 기본 구조인 경제 조건과 정치 조건, 즉 수행 원칙을 에로스를 통해 제거한다면 억압 없는 문명이 가능합니다. **마르쿠제**

프로이트 그래서 마르쿠제 선생과 같은 철학을 바탕으로

자유분방한 히피 문화가 나왔군요. 하지만 히피도
보수적이 되었고, 현실 문명은 별로 변한 것이 없지
않습니까?

마르쿠제

프로이트 선생님은 자꾸 문명과 불만은 불가피하며,
그것이 영속적일 수밖에 없다는 편견에서 상황을
보시는군요. 1950년대와 60년대의 히피 문화를 주장한
사람들은 전체 사회 구성원 중 일부였습니다.
더 많은 사람이 함께 움직였다면 사회 전체가 변했을지도
모르지요. 하지만 히피는 사회 자체를 변혁시키기보다는
부모 세대가 강조하는 가치에서 벗어나 개인적인 행복을
찾는 의미에서의 해방에 더 신경 썼습니다.
그러니 제대로 시도된 것은 아니지요. 하지만 그때의
불씨를 통해 지금도 관련 논의는 계속되고 있습니다.
남성 우월주의에 맞서는 페미니즘이나 환경론도 새로운
정치적·경제적 조건을 만들기 위한 노력 중 하나지요.
저는 역사적으로 형성된 수행 원칙이 어느 한순간에
제거되리라고 믿지는 않습니다. 현재의 수행 원칙을
변화시키는 새로운 현실을 계속 만들고, 그 변화가
성숙하며 축적되면 없앨 수 있습니다.

프로이트

정말 성숙한 문명이라면 리비도가 억압 없이 분출될 수
있어서, 현실 원칙과 쾌락 원칙을 굳이 나눌 필요 없이

Sigmund
Freud

통합할 수 있겠지요. 마르쿠제 선생이 원하는 문명이란,
바로 개인이 원하는 바를 현실의 규범에서도 인정하는
것이겠지요. 그런 문명은 저도 원하는 바랍니다.
비록 그런 문명을 이루기 어렵다고 주장했지만 말입니다.

저도 잘 알고 있습니다. 저는 다만 선생님과 달리 억압
없는 문명이 이뤄질 것이라는 긍정적인 시각을 더 많이
갖고 있습니다. 저는 예술에서 그 가능성을 보았습니다.
예술은 상상력을 바탕으로 이뤄집니다. 성숙한 문명을
만드는 유토피아적 상상력과 맥락이 비슷하지요.
현실 원칙에 무릎 꿇는 것이 아니라, 현실 원칙에서
벗어나는 세계를 생각합니다. 그러면서 약간 왜곡하더라도
결국에는 현실에 결과물을 내놓습니다.
예술 작품을 보십시오. 얼마나 다양하고, 자유롭습니까?
우리도 이상향을 이루기 위해서는 예술가가 이성과 감성과
열정을 다 바쳐 작품을 만드는 것과 비슷한 노력을 해야
한다고 생각합니다.

마르쿠제

프로이트를 통해 이해하는 사회와 역사

TIP 사회를 이해하는 데 필요한 인간의 본능

에로스 Eros

생명력 혹은 삶의 본능을 뜻한다. 그런데 에로스는 원래
리비도의 개념과 밀접한 관련이 있다. 리비도는 성본능性本能 혹은
성충동性衝動이라고도 표현한다. 프로이트는 처음에 리비도를
자기 보존 본능과 대립하는 것으로 보았다. 그러나 나중에는
이 둘을 결합, 에로스라고 하여 죽음의 본능인 타나토스와 대립시켰다.

타나토스 Thanatos

죽음의 본능이라고도 한다.
이는 각 개인이 타고난 자기 파괴적 욕구를 뜻한다.

나르시시즘 narcissism

세상의 중심이 오로지 자기 자신이라고 생각하며 모든 가치의 중심을
자신으로 놓는 부정적인 자기애自己愛, self-love를 말한다. 나르시시즘은
자신의 가치를 긍정적으로 평가하는 자존自尊, self-esteem과 다르게
다른 사람의 존재를 무시하면서 오로지 자기 자신의 욕망을
추구한다는 점에서 정신적 질병에 해당한다.

Sigmund
Freud

노동 勞動 labor

'사회의 유지에 필수적인 생산 활동'을 가리키는 경제학과 사회학
용어이다. 또한 '생산'은 생활에 필요한 무엇인가를 만들어 내거나
가치를 높이는 일이다. 이것이 프로이트가 생각한 노동의 개념이기도
했다. 그런데 노동을 통해 생산한 것의 이익을 누리거나 생산의 의미를
느끼지 못하는 것에서 노동자가 소외를 느끼기도 한다.
마르쿠제가 강조한 노동도 자신의 노동 가치를 느끼고 누려야 한다는
마르크스의 사상과 맥락을 같이 한다.

소외 疏外 alienation

인간이 자신이 만들어 낸 사물에 오히려 지배받는 현상을 가리킨다.
지금은 원래 의미가 확장되어 삶에 대한 목적 상실, 사회적 관계에서
느끼는 고독감 등 다양한 감정 상태를 가리키기도 한다.
마르크스나 마르쿠제가 의미한 소외도 이러한 의미이다.

프로이트를 통해 이해하는 사회와 역사

06

프로이트,
올바로 이해하기

프로이트는 생전이나 사후 모두 그의 이론 때문에 비난을 많이 받았다.
비난은 두 종류로 나눌 수 있다. 프로이트가 정말 싫어서 프로이트의
이론을 전면 부정하는 비난. 그리고 프로이트의 업적 일부분은
인정하지만, 단점을 지적하며 새로운 대안을 내놓는 비난.
앞에서 구성한 가상 토론의 상대자들은 모두 후자에 속한다.
어릴 때 입은 정신적 외상을 직접 행동으로 치유한 프로이트는
생전에도 자신에 대한 비난에 꿋꿋하게 맞서 싸웠다.
그리고 반대자들이 보기에는 막 나가는 반항아처럼 이론을
극단적으로 밀어붙여 비난의 수위 역시 높아지게 만들었다.
이런 상황이 벌어진 이유는 끝까지 독창적으로 이론을 성취하려던
프로이트의 학자로서의 이성적 의지 때문일 수도 있고,
정신적 외상과 억울한 마음을 풀려고 하는 무의식, 등을 돌린 동료에
대한 배신감, 존경하는 위인에 대한 자아 동일시 등 프로이트 개인의
심리적 요인 때문에 벌어진 일일 수도 있다. 이 책에서는 두 가지를
모두 고려해서 프로이트의 이론을 살펴보았다.
그런데 만약 프로이트가 21세기 발전된 과학 기술을 통해 부활한다면,
개인적으로 누구를 만나서 못다 한 자신의 억울함을 풀려고 할까?
그 이야기를 들어 보면 프로이트의 특성과 프로이트의 이론을
좀 더 잘 이해할 수 있지 않을까? 그래서 프로이트를 부활시켜
두 명과 이야기를 하는 상황을 설정해 보았다. 프로이트에게 항변의
기회도 주고, 독자에게는 시간적으로나 심리적으로 좀 더
가까운 지점에서 프로이트를 관찰할 기회가 될 것이다.

**가상
토론**

인간 본능의 뿌리는 오직 리비도뿐일까?

1905년 융은 지성인으로서 자신의 지적 탐험을 위해 문헌 연구를 하는 한편 정신과 의사로서 치료에 온 정열을 쏟았다. 그즈음 프로이트의 이론은 대중적 인기는 없었으나, 유럽 지식인들 사이에서는 점점 흥미를 끌고 있었다. 스위스 취리히에 정신과 의사로 있던 융이 자신의 저서를 프로이트에게 보냄으로써 둘의 교류가 시작되었다. 그리고 1907년 3월, 융은 빈에 있는 프로이트 자택을 방문했다. 이날 프로이트와 융은 열세 시간에 걸쳐 이야기할 정도로 소통이 잘되었다. 정신분석학을 전 세계에 퍼뜨리고 싶었던 프로이트에게 융은 반가운 존재가 아닐 수 없었다. 둘은 몇십 년 동안 알고 지낸 사람처럼 아니, 마치 아버지와 아들처럼 급속도로 가까워졌다. 그게 문제였다. 프로이트는 융이 자신을 너무 격하게 좋아해서 마치 아버지에게 반항하는 청소년처럼 어느 순간 돌변할지도 모른다고 걱정했다. 융의 학문적 주된 관심이 현실 자체보다는 종교와 신화 쪽으로 변하면서 걱정은 현실이 됐다.

융은 프로이트 이론의 허점을 비판하기 시작했고, 프로이트는 그런 융에게 불편한 감정을 느꼈다. 1909년 미국에서 열리는 정신분석학회 참석을 위해 배를 기다리는 사이 프로이트는 융에게 아버지처럼 타일렀다. 당시 융은 자신의 환자와 바람을 피고 있었다. 아내에게 헌신적이던 프로이트는 융에게 그런 행동을 그만두라고 말했다. 융은 프로이트가 자신의 애정 문제에 개입하는 것이 싫었다. 그래서 융은 프로이트가 예전에 싫어한다고 한 이야기를 다시 주절거렸다. 그 이야기는 바

Sigmund
Freud

로 북부 독일의 습지에서 흙덩어리로 변해 발견된 사람에 대한 것이었다. 프로이트는 그 이야기를 듣다가 흥분해서 기절했다. 프로이트는 훗날 융이 프로이트 자신을 흙덩어리가 된 사람처럼 죽기를 바라는 무의식이 있었기 때문에 그런 이야기를 고집스럽게 한 것이라고 분석했다. 비슷한 이유로 1912년 뮌헨의 토론회에서도 프로이트는 기절했다. 이처럼 프로이트는 융의 반항적 행동에 극도로 예민했다.

어쨌든 화해와 반목을 반복하던 두 사람은 1912년 뉴욕의 포드햄 대학의 정신분석 관련 세미나를 통해 돌이키기 어려운 강을 건너고 말았다. 융이 공개적으로 프로이트를 공격한 것이다. 같은 해 12월 18일 융은 프로이트에게 보낸 편지에 정신분석 운동의 분열을 일으킨 장본인은 바로 프로이트라고 비난했다. 그로써 둘은 헤어졌고 융은 프로이트를 더욱 격렬하게 비판했다. 재회한 자리에서 바로 그때의 이야기부터 시작했다.

프로이트
> 나는 자네가 내 집에 찾아와 열세 시간 동안이나 이야기를 나눌 때 내 이론에 전적으로 동감한다고 생각했네. 그런데 몇 년이 지난 후부터 공개적으로 내 성 이론이 과장되고, 허위라고 주장하다니 참으로 큰 배신감을 느꼈네.

> 어떤 사람의 이야기를 듣는다고 해서 그것에 동의하는 것은 아닙니다. 경청과 동의는 전혀 다른 문제입니다.
>
> **융**

프로이트, 올바로 이해하기

선생님은 그때나 지금이나 자신의 영향력을 과대하게 생각하십니다. 자신이 이야기하면 다른 사람들은 다 깊은 인상을 받고 이론적으로 감화될 것이라는 생각, 그래서 결국 자신이 원하는 방식대로 움직여 줄 것이라는 생각.
이렇게 선생님 자신이 극심한 나르시시스트라는 생각은 못하신 듯합니다. 제가 1912년에 보낸 마지막 편지에도 썼듯이 이런 선생님의 특성이 정신분석 학계의 분열을 일으켰습니다. 선생님은 정신분석과 관련된 모든 일을 마치 초자아처럼 감시하고 억압하려고 했습니다. 다른 사람의 소망은 철저히 무시했지요.

프로이트

억압이라니. 나는 자네를 정신분석학회의 최초 회장 자리에도 앉혔네. 그것만 봐도 다른 사람에게도 기회를 주려고 최대한 노력했다고 생각하지 않나?

저를 회장에 앉히신 것도 선생님의 의지였지, 저의 자발적 의지는 아니지 않았습니까? 당시 사회적으로 냉대받던 유대 인인 선생님이 유대 인이 아닌 상류층인 저를 내세워 정신분석학을 전파하려고 했다는 다른 사람들의 비판은 믿고 싶지도 않습니다. 하지만 선생님께서 마치 제 소망을 다 알고 있다는 식으로 행동하신 것은 따지고 싶습니다.
한 집안의 가장이 결정하면 모든 가족이 따라야 하는 것처럼 행동하셨습니다. 그래서 에리히 프롬 Erich Fromm 은 선생님을

융

놓고 가부장적인 사고방식에서 한 치도 벗어나지 못한 인간이라고 냉정하게 평가한 것입니다. 하긴 그런 분이니까 여성 비하적인 성 이론을 내놓으시고, 복잡한 여성 심리를 더 많이 분석하라는 요구에 대해서는 스스로 '미지의 대륙'이라며 회피하셨겠죠. 여성에 대해서 자세히 이야기하면 자신의 가부장적 측면을 직시하는 계기가 될 테니 비겁하게 피하신 것입니다. 저는 처음부터 선생님께서 남성 우월주의적인 성 이론으로 모든 것을 설명하시는 것이 싫었습니다. 인간의 오묘한 심리를 설명하기 위해서는 성 말고도 다양한 변수를 찾아야 합니다.

프로이트   성 말고도 다양한 변수라니. 자네처럼 신비주의에 빠져 영성이니, 믿음이니 하며 객관적이지 않은 변수로 인간의 마음을 설명해야겠는가?

저는 영성에만 매달리지 않았습니다. 다양한 스펙트럼으로   융 현상을 보되, 그 중 핵심으로 영성을 이야기한 것입니다. 선생님께서 어느 하나를 정해 놓고 모든 것을 그것으로 설명하려는 자세와는 아주 다릅니다. 예를 들어 선생님은 쾌감이 성욕과 관련된다고 하셨습니다. 그래서 어린아이가 엄마의 젖가슴을 빠는 것 이외에 무생물인 젖병을 빠는 것까지 구강기의 성욕으로 해석하셨습니다. 그건 과도한 해석입니다. 아이는 엄마의 젖가슴이든 젖병이든 간에 기본적으로 생명을

프로이트, 올바로 이해하기

유지하기 위한 배고픔을 충족시켜 주기 때문에 쾌감을 느끼는 것일 수 있습니다. 성욕이 들어가지 않아도 되는 부분까지 선생님은 성을 밀어 넣는 오류를 범하셨습니다.

프로이트 그러나 모든 행동의 원천이 되는 리비도는 성적 에너지로서 그것이 형태를 바꿔서 나타날 뿐이네. 배고픔의 욕구도 리비도가 형태를 바꿔 나타나는 것이야. 많은 사람이 리비도를 정력과 같은 생물학적 힘으로 오해하더군. 나는 삶을 관통하는 정신적인 힘으로서 리비도를 말한 것이라네. 그러나 현실을 관찰하면 리비도는 무엇보다도 성 활동에서 특히 많이 드러나. 사람들이 리비도를 본능, 더 나아가 성적인 힘이라고 쉽게 단정하는 이유는 리비도의 한정된 양이 성 활동에서 많이 표출되기 때문이라고.

그러나 선생님은 성 이론을 부각하시려고 리비도가 성적인 측면에서 주로 다뤄지도록 유도하셨습니다.

융

프로이트 그것은 편협한 판단일 뿐이야. 독일의 작가 토마스 만Thomas Mann은 나를 다음과 같이 평가했다네. "프로이트는 인간의 감정을 연구하는 태도에서 이성의 영역을 희생시키면서 감정을 찬미하는 방향으로 전락하지 않았다. 그의 반反합리주의는 현실적으로 정신과 비교하면 본능이 우위를 차지한다는 것이다. 프로이트는 본능의 위력 앞에 머리를 조아리며 정신을 조롱하려는 것이 아니다." 내가 '본능'을 강조했다고 해서 '본능만'을 강조한 건 아니네. 성적인 측면을 강조했다고 해서 성적인 측면만 이야기한 것도 아니야. 만약 그렇다고 주장한다면 그것은 억지 비판이지.

융

하지만 그 비판의 책임은 선생님께 있습니다. 선생님께서도 인정하셨듯이 리비도를 굳이 성적인 측면에서 두드러지도록 이론을 펼치셨기 때문에 사람들은 그렇게 이해할 수밖에 없습니다. 특히 이드나 오이디푸스 콤플렉스 등 이론의 일부분만 봐도 성을 중심으로 주장하셨습니다. 성의 프리즘으로 모든 현상을 보셨지요. 그것은 마치 빨간색이 들어간 안경을 쓰고 세상이 모두 빨간색을 변형시킨 색으로 되어 있다고 말씀하시는 것과 같습니다. 성욕으로 표출되기 쉬운 리비도가 다양하게 형태를 바꿔 나타나는 것이 아니라, 애초에 리비도가 정력이나 정신적 힘을 모두 아우르는 보편적인 생명력인 것은 아닐까요?

프로이트

리비도가 보편적인 생명력이라는 자네의 주장은 너무 두루뭉술하지 않은가? 엄밀한 정의를 내려야 과학적으로나 철학적으로 가치가 있는 것일세.

그 비판은 선생님의 이론에 대한 비판입니다. 선생님은
예술가가 그린 신화 그림에 벌거벗은 모습이 많은 이유도
유아기 성욕에 대한 향수 때문이라고 주장하셨습니다.
그러니까 예술의 원천으로 예술가 자신이 벗은 채 엄마
품에 안겨 있던 느낌을 다시 느끼기 위한 욕망, 오이디푸스
콤플렉스라 주장하셨습니다. 그러나 오이디푸스 콤플렉스라는
것은 선생님께서 신화 속 내용을 가져다가 정의하신 것
아닙니까? 과학적으로 검증했거나 세밀하게 상황별로 정의한
것은 아니시지요. 선생님 직관을 통해 알게 된 것을 여기저기
적용해 보고 설명이 되는 것 같으니 쓰시는 것 아닙니까?
그런 개념을 예술이든, 사회든, 개인의 문제든 간에
모두 해결할 수 있는 만능열쇠처럼 사용하고 계십니다.
그러니 오히려 선생님의 개념이 더 두루뭉술하지요.

연약한 존재인 어릴 때에 우리는 사소한 것에도 큰
충격을 받네. 어릴 적 경험하는 오이디푸스 콤플렉스도
그 영향력이 워낙 지대하다 보니 다양한 문제에 활용되는
것이네. 화학 실험실에서 어떤 물질이 인상적인
화학 반응으로 성질이 변한 다음에 과학자가 선반에
오래 놔두었다고 가정해 보자고. 그 뒤에 먼지가 쌓이고,
이런저런 실험 재료의 파편이 튀어 약간 형태가
변할 수 있어. 하지만 그 물질을 가장 잘 설명하기
위해서는 어떤 것부터 이야기해야 할까?

바로 인상적인 화학 반응부터 설명해야 하지 않겠나?
다양성이나 세심한 고찰을 운운하며 모습이 어느 정도
굳어진 다음에 다른 물질이 묻은 파편에 집중하는 것은
본질을 통찰할 수 없는 바보 같은 학자나 하는 일이지.

물질을 연구하는 과학자라면 바보 같은 짓입니다.
하지만 그런 태도는 마음을 연구하는 학자에게는 올바릅니다.
인간의 마음은 화학 실험실에서 한번 만들어진 뒤 굳어지는
물질이 아닙니다. 마음은 시시각각 끊임없이 역동적으로
움직이지요. 우리가 현실에서 겪는 갈등도 그렇게 역동적으로
움직이는 과정에서 생기는 것입니다. 자신의 과거와 현재
환경과 미래에 대한 불안감과 다른 사람과의 관계 등등,
다양한 변수가 영향을 미쳐서 갈등이 생깁니다. 그리고 그때
영향을 주는 과거가 꼭 유아기 때의 갈등은 아닙니다.
극심한 고통을 겪는 어느 청소년은 몇 달 전 부모가 이혼한
것이 갈등의 원인일 수도 있습니다. 또한, 갈등의 원인이
꼭 성적인 것도 아닙니다. 자신을 세상에 태어나게 한 부모가
헤어지면서 자아 정체성의 뿌리가 흔들리는 기분이 들기
때문에 갈등하는 것입니다. 이때 당사자의 혼란스러운 마음은
엄마에 대한 독점욕이 부른 아버지에 대한 반항심과는 거리가
먼 감정입니다. 에리히 프롬은 개인에게 가장 큰 시련은
다른 사회 구성원과의 관계에서 나오는 것이지,
유아기에 형성된 본능적 욕구와의 갈등에서 생기는 것은

융

프로이트, 올바로 이해하기

아니라며 선생님 이론을 비판했습니다. 에리히 프롬도
저와 같은 맥락에서 비판한 것으로 생각합니다.

프로이트

그런데 자네는 오이디푸스 콤플렉스의 존재는 인정하지
않았는가? 게다가 엘렉트라 콤플렉스는 자네가 직접
이름을 짓기까지 하지 않았나? 그랬던 자네가 스위스 상류
계층 출신이라서 종교계와 지성계의 비판을 두려워한
나머지 유아 성욕의 중요성을 외면하니 실망이 크네.
내가 사람들의 이목을 끌려고 과대 해석한 것이 아니라,
자네가 비겁해서 과소 해석한 거야.

선생님, 어떤 이론을 인정한다고 해서 그 이론만 유효하다고
인정하는 건 아닙니다. 인간의 마음을 설명할 수 있는 변수는
아주 많습니다. 제발 자신이 중요하게 생각하는 개념이 있다고
해서 극단적으로 밀어붙이지는 말아 주십시오.

융

프로이트

내가 소수 개념을 가지고 극단적으로 생각한다고?
자네는 다양성을 발휘한다며 너무 많은 개념을
정신분석에 갖고 들어와 혼란을 일으켰네.
간명한 진리를 찾아야 하는 학자로서 오히려 그것이
더 해로운 행동이 아니었는지 반성해 본 적이 없나 보군.

선생님께서 복잡하다고 생각하시는 제 개념은 선생님 이론의
허점을 인식한 순간부터 나왔다는 것을 잊지 마시기 바랍니다.
저는 정신 분열증에 걸린 어느 회사원을 치료한 적이 있습니다.
그리고 몇 년 뒤 우연히 고대 페르시아의 미트라교에 관한 책을
읽었지요. 그런데 태양 중심부에서 뻗어 나온 둥근 관으로부터
바람이 생긴다는 고대 미트라교의 문헌 내용이 몇 년 전
어떤 환자의 이야기와 매우 비슷하다는 것을 깨달았습니다.
일반인인 환자가 타임머신을 타고 미래를 다녀오지 않은 한
최근 번역된 책을 미리 읽었을 리가 있나요? 그리고 그 책의
내용은 상당한 배경지식이 있어야 읽을 수 있는 책이었습니다.

융

프로이트 · 그게 뭐 어쨌다는 건가?

그때 저는 생각했습니다. 유럽과 시대나 장소가 판이한
고대 페르시아 신화가 유럽의 정신 분열증 환자의 말과 딱
맞아떨어질 수밖에 없는 이유가 무엇일까? 곰곰이 생각해
보았지만, 선생님의 이론으로는 답을 찾을 수 없었습니다.
그래서 시대와 장소를 뛰어넘는 보편적인 마음속 구조가
분명히 있을 것으로 생각했습니다.

융

프로이트 · 그 보편적인 구조라는 것이 무엇인가?

저는 인간의 마음이 의식과 전의식, 무의식으로 나뉠 뿐만 아니라, 무의식도 개인적 무의식과 집단적 무의식으로 구분될 수 있다고 생각합니다. 개인적 무의식은 개인의 상황에 따라 다릅니다. 하지만 인류가 가진 집단적 무의식 덕분에 페르시아 사람의 무의식이 녹아 있는 신화 속 개념을 유럽인이 갖고 있을 수 있었던 것입니다. 지구 곳곳에서 일어나는 종교와 신비로운 체험은 집단적 무의식이 발현되는 가장 의미 있는 장면입니다. 그러니 그것을 연구하면 인간 마음의 비밀을 알 수 있지요.

융

프로이트

자네가 나름대로 주제를 종교와 신비주의로 잡은 이유는 알았네. 그러나 왜 그렇게 많은 개념을 만들어야 했는가?

의식계에서는 프로이트 선생님의 이론처럼 자아를 볼 수 있지요. 그러나 무의식계에는 그림자Shadow, 아니마Anima, 아니무스Animus, 자기Self라 부르는 독특한 요소가 있습니다. 선생님께서 그저 이드의 세계라고 두루뭉술하게 표현하신 것을 제가 세밀하게 나눈 것입니다.

융

프로이트

그것들이 대체 다 무엇인가? 그래서 내가 자네의 이론은 복잡하다고 한 것일세.

Sigmund
Freud

복잡할 것 없습니다. 모두 인간의 마음을 드러내는 요소이기 때문에 가만히 생각해 보면 이해하실 수 있습니다. 선생님을 위해 차례로 말씀드리지요. 그림자는 의식에 가장 가까이 있는 무의식의 내용입니다. 외적으로 드러나는 무의식의 성격이지요. 자아로부터 배척되어 무의식에 억압되었기 때문에 어둡습니다. 우리가 빛 앞에 서면 생기는 그림자처럼 말이지요. 그림자는 자아와 비슷하면서도 자아와는 대조되는, 자아가 가장 싫어하는 열등한 성격을 지니고 있습니다. 자아의식이 한쪽 면을 지나치게 강조하면 그림자는 그만큼 반대편 극단을 나타내지요. 예를 들어 다른 사람 앞에서 당당하게 행동하는 사람의 이면에는 자신의 초라한 본 모습이 드러날까 두려워하는 연약한 성격이 숨어 있습니다. 혹시라도 다른 사람이 그런 면을 지적하면 심하게 불쾌해하며 과잉 반응을 보입니다.

그것은 무의식에 억압된 존재가 밖으로 드러나기를 원하지 않으며, 자아도 그런 면을 발견하는 것이 당황스럽기 때문이 아닌가. 그것은 내가 무의식 이론을 펼치며 이드와 자아의 역동을 분석할 때 이미 설명한 바일세.

네. 저는 그래서 그림자 말고도 다른 개념을 찾아냈습니다. 인간의 무의식에는 다른 독자적 존재가 있었습니다. 그것은 바로 내적 인격입니다. 내적 인격은 남성과 여성에 따라 각기

다른 특성을 나타냅니다. 남성 무의식의 내적 인격은 여성적
속성을, 여성 무의식의 내적 인격은 남성적 속성을 띠게 되지요.

프로이트 나도 그 비슷한 주장을 한 적이 있네.

그렇지만 결국에는 양성성을 인정해도 이론은 남성 **융**
지향적으로 구성하는 모순된 행동을 하셨지요.
저는 인간의 양성성을 확실히 드러내기 위해 용어를
만들었습니다. 즉 아니마는 남성에게 있는 무의식적인
여성성을, 아니무스는 여성에게 있는 남성적 무의식을
나타내는 용어로 사용했습니다.

프로이트 그것도 완전히 새롭다기보다는 내 이론에서 정리가 덜 된
부분을 좀 메운 것이군. 정말 새로운 것은 없나?

무의식에는 자기라는 것이 있습니다. 의식 영역의 자아와 **융**
헷갈리지 마시기 바랍니다. 자기는 말 그대로 자기실현의
종착점이자 시발점입니다. 자기는 무의식의 요소이면서
의식과 무의식이 하나로 통합된 전체 정신입니다. 저는 이것을
"자기실현은 자아가 자기를 찾아가는 과정이다."라는 말로
정리하고 싶습니다.

Sigmund
Freud

프로이트 역시 자네의 이론은 아주 신비주의적이야. 그 말은 구도자가 자신의 영성을 찾을 때 하는 말과 비슷하네.

융 좀 풀어서 다시 말씀드리겠습니다. 제가 생각하는 인생의 목적으로서의 자기실현은 무의식의 의식화 작업을 통해 그림자와 아니마, 아니무스를 의식화하여 인격이 성숙하는 것입니다. 무의식의 요소가 모두 긍정적인 인간 발달에 공헌할 수 있는 것입니다. 이것은 프로이트 선생님께서 무의식을 성적 충동과 공격성 등 부정적인 측면에서 더 많이 다룬 것과는 큰 차이가 있지요. 그리고 자꾸 제 이론에 새로운 것이 없다고 하시는데, 저는 억압된 성적 충동 외에 여성성, 남성성, 그림자, 자기 등 여러 가지 요소가 무의식에 있다는 것을 주장하고 있습니다.

프로이트 개념을 많이 주장하는 게 꼭 좋은 것은 아니야. 중요한 것은 그게 현상과 딱 맞아떨어지는가 하는 것이지.

융 인간의 행동을 보십시오. 어떤 때는 선생님께서 보신 것처럼 참 수동적입니다. 폭력 가정에서 자란 남자는 폭력을 싫어했으면서도 결국 자신도 폭력 남편이 됩니다. 어릴 때의 상처를 극복하지 못하고 무의식의 명령을 받아 움직이는 것처럼 보이지요. 그러나 다른 행동을 할 때가

있습니다. 위인을 보십시오. 가난과 역경을 거치며 생긴 심리적
상처와 고통에도 놀라운 업적을 이룹니다. 이렇듯 인간은 아주
능동적인 행동도 할 수 있는 존재입니다. 선생님께서 주장하신
것처럼 숙명적 인과 법칙에 따라서만 인간이 움직이는 건
아닙니다. 창조적 조정 능력을 갖추고 자유롭게 움직이기도
합니다. 이것이 제 이론과 선생님 이론의 가장 큰 차이점입니다.

프로이트
자네의 말에 따르면 나는 전체가 아닌 절반의 현상만을
설명할 수 있는 이론을 내놓은 것처럼 보이는군.
무의식 중에서도 개인적 무의식만을,
인간의 행동 중에서도 수동적 행동만을.

융
선생님의 이론적 토대가 없었으면 저는 제 학문 영역을
만들지 못했을 것입니다. 제가 집단 무의식이 의식의 뿌리를
이루며 정신 샘의 원천이라고 주장할 수 있었던 것도 선생님의
무의식 이론이 있었기 때문입니다. 물론 무의식을 나누지 않은
프로이트 선생님의 이론과 큰 차이가 있지만, 인간의 행동과
사회 문화 현상의 원천으로 무의식을 중시한 것은 같습니다.

프로이트
공통점보다는 차이점이 더 많아. 자네는 집단
무의식이라는 일종의 원형architect과 같은 것이 있어서
인간끼리 나누어 가진다고 생각했지. 그 집단 무의식은

Sigmund
Freud

내용이 변하지 않아. 그래서 고대 미트라교와 현대 유럽의 환자가 똑같은 말을 할 수 있었다는 주장을 펼치지. 하지만 나는 진화론에서 이론을 발전시켰네. 항구불변의 원형이 있는 것이 아니라, 상황에 적응하기 위해 내용을 변화시키는 진화론 말일세. 이런데도 어찌 우리가 공통점이 있다고 할 수 있겠는가? 자네는 정신분석의 이름으로 완전히 다른 학문을 한 것일세.

융

저는 제 연구를 정신분석이라고 부르지 않아도 상관없습니다. 실제로 저는 '분석심리학analytic psychology'이라고 하는 분야를 창시했습니다. 앞서 말한 것처럼 정신분석이 유아기에 머물러 있고, 성적인 측면만 강조하는 한 저는 정신분석학자로 불리고 싶지 않습니다. 저는 인간의 정신이 성적인 쾌락 원칙에 의해 지배되는 것이 아니라, 건전한 생명력으로서의 리비도의 힘으로 자율적으로 조절된다는 것을 밝히는 연구자가 되고 싶습니다. 이게 제가 정신분석학회 정회원을 탈퇴한 이유이기도 합니다.

프로이트

내가 자네와 길이 다르다고 해서 꼭 내가 틀렸다는 주장을 하지 말기를 바라네.

융

저도 선생님께 똑같은 말씀을 드리고 싶습니다. 부디 선생님과 다른 길을 간다고 해서 무시하지는 말아 주십시오.

선생님과 함께 히스테리 연구를 했던 친구 브로이어 선생님,
선생님을 따랐던 심리학자 알프레드 아들러Alfred Adler 등 수많은
사람이 선생님을 지지하다가 등 돌린 이유를 생각해 보세요.
성에 너무 매달리지 마세요. 그리고 선생님을 지지하는
사람들에게도 너무 선생님의 것만 보기를 강요하지 마시기
바랍니다. 억지 교리를 펴는 사이비 교주와 같다는 비판을
왜 받고 계신지 반성하셔야 합니다. 선생님께서 그 혹독한
비난에도 새로운 지평을 보시려 노력하신 것처럼,
선생님의 지지자와 반대자 모두 새로운 지평을 보려고
노력한다는 사실을 인정하고 격려하려고 노력하셔야 합니다.

프로이트

알겠네. 반대자는 모르겠지만, 내 이론의 지지자에게는
내 이론을 종교 경전 해석하듯이 겉으로 드러난 토시
하나하나에 민감하게 반응하지 말고 열린 지평으로
보도록 충고하겠네. 약속하지. 그러나 가장 가까이에서
나를 지지했던 자네도 나를 오해해서 떠난 것을 보면
성과가 얼마나 있을지는 모르겠어. 내가 강조한 성은
어른의 성행위를 염두에 둔 것이 아니라,
쾌감을 뜻하는 말이었다고.

하지만 그렇게 헷갈릴 수 있는 단어를 선택하신 것이
잘못입니다. 선생님은 '남근 선망'과 같이 오해받기 쉬운
인상적인 단어를 용어로 선택하셨습니다. 그 책임은

융

선생님께서 지셔야 합니다. 선생님께서 오해받기 쉬운 개념을
줄곧 주장하신 탓에 촉망받던 정신분석 분야가 분열되었고
능력 있는 사람이 많이 떠났으니까요.

프로이트   나도 큰 충격을 받았어. 자네가 떠난 것이 가장 큰
충격이었지. 나는 내 몫의 책임을 지겠네. 하지만 자네도
인간의 마음을 다루는 학문이 한낱 점쟁이의 이야기로
오해받도록 신비주의적 접근을 퍼지게 한 책임을
져야 할 것일세. 자네야말로 신비한 현상을 다루는
초심리학parapsychology에서 자네를 사이비 교주처럼
떠받드는 것에 주의해야 할 걸세.

프로이트, 올바로 이해하기

정신분석학을 과학이라 부를 수 있을까?

융과 토론을 마친 프로이트는 잠시 휴식한 다음 다른 테스트 상대를 만났다. 상대는 프로이트가 활동했던 오스트리아 빈에서 1902년에 태어난 카를 포퍼Karl Raimund Popper였다. 포퍼는 사회 문제에 관심 많은 유대 인 변호사인 아버지에게서 영향을 받았다. 그는 철학·수학·물리학·심리학 등을 배우고, 1928년 빈 대학에서 철학 박사 학위를 받았다. 주로 영국에서 교수 생활을 하며 과학 철학과 사회 철학을 오가는 독자적인 사상으로 지성계에 큰 반향을 일으켰다.

포퍼는 '과학적 이론은 먼저 가설의 형태로 제시된다.'라고 주장했다. 이 가설의 바탕은 기존의 실험과 관찰 등을 통해 잠정적 지식으로 삼는 것이다. 포퍼는 논리 실증주의의 주장에 반대하는 이론을 세웠다. 논리 실증주의는 모호한 말로 철학적 사색을 즐기는 일체의 전통 철학을 부정하는 철학 사조이다. 논리 실증주의는 언어와 세계의 관계를 밝히는 것을 철학 과제로 보았다. 논리 실증주의 발달에 큰 영향을 준 것은 빈 학파였다. 이 학파는 철학자뿐만 아니라 수학자·물리학자·경제학자 등 전공 배경이 다양한 회원으로 구성되었다. 그리고 과학을 수학과 논리학, 이론 물리학의 종합적인 관점에서 통일적으로 파악하고자 하였다. 이 철학의 대표자는 독일의 비트겐슈타인이었다.

논리 실증주의자는 논리적인 엄밀성을 강조하여 분명하고 간결한 진술을 추구한다. 어떤 철학적인 진술이든 근거가 있어야 하며 검증되어야 한다고 강조한다. 그래서 검증되거나 확증할 수 없는 진술이나

Sigmund
Freud

명제는 '의미 없는 명제'로 논의의 대상에서 제외했다. 신의 존재나 사후 세계의 존재, 영혼의 문제 등 전통적 형이상학의 문제는 논리 실증주의 자들의 측면에서 보면 검증할 수도 없고 확증할 수도 없으니 의미 없는 문제, 즉 가상의 문제가 된다. 철학뿐만 아니라, 과학과 비과학을 나누는 것도 그 이론의 검증 가능성verifiability이나 확증 가능성confirmability을 기준 으로 삼았다.명제가 '거짓'이라는 것이 아니라 아예 '무의미'하다는 것에 주의해야 한다.

포퍼는 귀납법의 논리적 오류를 지적하면서, 논리 실증주의의 검증 가능성이나 확증 가능성과 구별되는 반증falsification이라는 새로운 개념을 제안했다. 그리고 이 개념을 통해 과학적 이론을 평가했다. 그의 철학적 입장을 반증주의라고 부르는 것도 이런 이유에서이다.

지적인 범위가 광대했던 만큼 포퍼는 프로이트의 이론도 언급 했다. 그런데 그 내용이 아주 부정적이었다. 왜냐하면, 포퍼는 합리적이 고 객관적인 과학 체계를 세우기 위한 철학에 관심이 많기 때문이었다. 그런데 프로이트의 이론은 반증 불가능하기에 포퍼에게는 무가치한 사 이비 과학일 뿐이었다. 그 내용을 다음의 가상 토론으로 알아보자.

> 제가 격렬하게 비판한 분을 직접 만나 토론할 기회를 얻어 ───── 포퍼
> 학자로서 흥분됩니다. 그래도 과학의 기준을 알리기 위한
> 의미 있는 토론이 될 수 있도록 최선을 다하겠습니다.

프로이트 ─────│ 저 역시 제 이론에 관한 오해를 없애기 위한 좋은 기회가

될 수 있도록 온 힘을 기울이겠습니다.

그러면 바로 본론으로 들어가겠습니다. 저는 선생님께서 포퍼
과학적 접근을 강조하면 만든 정신분석학이 사실은
가짜 과학, '사이비 과학'이라고 생각합니다. 저는 기존의
논리 실증주의와는 다른 측면에서 선생님의 이론을
바라보았습니다. 논리 실증주의는 과학과 비과학을 나누는
기준으로 그 이론의 검증 가능성이나 확증 가능성을
삼았지요. 이런 논리의 바탕이 되는 것이 바로 귀납법입니다.
그러니 귀납법의 오류부터 지적하는 것으로 논리
실증주의의 벽을 넘어서 제 이론적 틀을 통해
선생님의 이론을 비판하고자 합니다.

프로이트 좋습니다. 포퍼 선생의 이야기를 한번 들어 보지요.

귀납법은 예를 들어 "모든 새는 날개가 있다."라는 결론을 포퍼
내리기 위해서는 먼저 수많은 새를 관찰한 사례를 모을 것을
주장합니다. 그러나 아무리 많은 새를 모으더라도 그것은
이론의 필요조건이 될 순 있지만, 충분조건은 되지 못하지요.
날개가 없는 새를 찾는 순간 "모든 새는 날개가 있다."라는
주장은 거짓이 됩니다. 선생님께서 고고학자처럼 다양한
사례를 모아 무의식을 탐구하셨다고 하지만, 과학으로

받아들이기 어려운 것도 이 때문입니다. 그래서 저는 단순히 사례를 통해서 이론을 검증하거나 이론에 맞는 사례를 통해 확증하는 수준의 선생님 이론은 과학이 될 수 없다고 생각합니다.

프로이트 — 그렇다면 어떻게 해야 제 이론이 과학적 이론이 될 수 있다고 생각하시는지요?

앞서 말씀드린 것처럼, 반대되는 사례를 찾아서 증명할 — 포퍼
가능성이 있어야 합니다. 즉 반증 가능해야 합니다.
반증 가능해야 실험을 통해서 이론의 참과 거짓 여부를
판단할 수 있습니다. 그렇지 않다면 과학적으로 쓸모없는
논의를 하게 될 뿐입니다. 그래서 정신분석학 이론은 인간과
사회, 역사 등에 대해서 많은 정보를 주는 체계적인 과학처럼
보이지만, 실은 과학적 이론으로 위장한 사이비 과학일
뿐이라고 생각합니다. 왜냐하면, 정신분석학의 체계 자체가
역동적 무의식을 가정하고 환자 사례별로 가설에 맞는
부분을 추출합니다. 해당 환자를 다시 정상인으로 만들어
다른 심리적 문제를 일으켜서 무의식이 아닌 다른 요소가
영향을 주는지 비교해서 확인할 수 없습니다.
반증 가능하지 않지요. 원래 '무의식의 세계' 같은 개념은
아예 과학적인 논의가 불가능한 가설적인 개념에 가까워서
실험 자체를 할 수 없기도 합니다. 이렇듯 추상적인 논의밖에

프로이트, 올바로 이해하기

할 수 없다는 한계가 명확한데도 과학적인 특성을 강조하니,
마치 종교가 아니면서도 종교인 척하는 사이비 종교처럼
사이비 과학이라고 평가할 수밖에 없습니다.

프로이트 ──

말씀하신 대로 저는 귀납적 방법으로 연구했습니다.
저 자신의 경험과 환자 등의 다양한 사례 연구를
통해서 이론을 만들었지요. 그런데 심리적 문제는 아주
개인적이어서 비밀스럽게 진행할 수밖에 없는 특성이
있습니다. 그래서 환자의 이름도 가명으로 대체하지요.
윤리적 문제 때문에라도 다른 연구자에게 환자를 보내서
실험하도록 할 수도 없습니다. 그리고 다른 연구자가
똑같은 환자를 대상으로 다시 가설을 실험하려고 해도
이미 환자의 상태가 달라진 탓에 저와 똑같은 결과를 낼
것이라는 보장이 없습니다. 저는 정신분석학이
아주 복잡하고 역동적인 인간의 개인적인 심리 상태를
다루기 때문에 기존 과학과 같은 재확증 작업이 불가해서
생기는 문제라고 생각합니다. 기존 과학과 접근법은
다르지만, 새롭다고 해서 비과학적이지는 않은 것입니다.

과학은 기술이 발달하면서 계속 새로운 연구 방법론을   포퍼
만들어 냅니다. 현미경을 발명해서 세포를 연구하거나,
예전에는 의사의 직관으로 파악하던 환자의 신체 상태를
MRI 같은 도구를 통해 관찰하지요. 이렇게 분명히 새로운

Sigmund
Freud

접근법이 유용한 과학적 방법론이 되어 적용되고 있기는
합니다. 그러나 새롭다고 해서 꼭 과학적인 것은 아닙니다.

프로이트

새롭다고 해서 과학적이라는 것이 아닙니다. 정신분석학의
대상이 관찰 가능한 물질이 아니라, 관찰 불가능한
마음이라는 특성을 고려하면 기존의 물질적 과학
연구 방법으로는 해결하지 못할 부분이 있다는 것을
인정하시기 바랍니다. 그리고 반증 불가능한 것을
공격하시는데, 제 이론을 따라 세계의 많은 정신분석가가
환자를 치료하고 있습니다. 그리고 저와 비슷한 긍정적
치료 결과를 얻고 있습니다. 그 환자들은 제 환자가
아닙니다. 조건이 다른 상황에서도 같은 방법으로 같은
결과를 얻었다면 제 이론이 과학적으로도 올바르다는
것을 증명하는 것이 아닐까 싶습니다.

방금 말씀하신 것은 검증이지 반증이 아닙니다.
반증은 반대되는 사례도 찾을 가능성이 있어야 합니다.
자신이 주장하는 방법과 절차를 변화시켜 이론의 거짓
여부도 판단할 수 있어야 하는데, 선생님의 방법론은 같은
환자를 대상으로 해당 연구자가 정확히 재현하거나
다른 연구자가 환자를 초기화시켜서 변수를 통제해
다른 결론이 나게 된 이유를 확정 지을 수도 없습니다.
그저 정교화된 추측만 계속 할 뿐이지요.

포퍼

프로이트, 올바로 이해하기

그렇다면 저는 반증 가능성을 벗어난 과학에 관해서
이야기할 수밖에 없겠네요. 반증 가능성도 포퍼 선생
개인이 과학과 비과학을 나누는 기준으로 삼은
이론적 개념일 뿐이지 않습니까? 저는 더 큰 개념으로서
과학을 봐야 한다고 생각합니다. 지적하신 것처럼
정신분석학에는 실험이 없습니다. 물리나 화학 실험처럼
특정한 요소의 효과를 측정하기 위해 다른 조건을
모두 같게 만드는 식의 방법을 쓰지 않지요.
연구자가 측정 대상에 영향을 미칠까를 고려하여 거리를
유지하지도 않습니다. 기존의 과학처럼 관찰이나
실험하는 것이 아니라 대화를 통해 연구를 진행합니다.
환자의 마음을 설명하기 위해 아예 환자의 마음속으로
뛰어듭니다. 정신분석학은 무엇을 구축하기 위해서가
아니라, 오히려 단단하게 구축되어 있던 정신의 요소를
풀어내는 작업을 합니다. 그렇게 연구자가 적극 개입하다
보니 매번 실험하면 같은 결과가 나와야 하는
다른 과학과는 달리 오묘하게 연구 절차와 결과가
달라질 수밖에 없습니다.

방금 프로이트 선생님께서 말씀하신 것은 스스로
객관적이지 않은 과학임을 인정하신 것이나 다름 없습니다.
선생님은 지금 실제 치료에도 효과가 있음을 내세워
정신분석학의 과학적 성격을 인정받고 싶어 하시는 듯합니다.

그러나 그렇게 따지면 주술사의 미신적 행동도 환자를 치료한다는 이유로 과학이라고 받아들여야 합니다. 자연 과학자로서 훈련받으신 선생님은 주술사의 미신이 과학이라고 생각하지 않으실 것입니다. 제자이던 융이 신비주의에 빠진 것을 혹독하게 비난하시던 분이니 말입니다. 저는 정신분석학은 과학이라기보다는 철학에 가깝다고 생각합니다. 과학이 아니어도 철학이 가치가 있듯이, 정신분석학도 그럴 수 있습니다. 그러니 굳이 과학적 학문으로서의 정신분석학 위상에 그렇게 매달리지 않고, 다른 쪽으로 열정을 쏟으시는 것이 오히려 정신분석학의 철학적 발전에 도움이 되리라 생각합니다.

프로이트

저는 과학 철학자가 새로운 과학을 사이비 과학으로 논할 때 아주 신중해야 한다고 생각합니다. 처음에 근거가 미약해서 사이비 과학처럼 보였다가 나중에 훌륭한 과학 이론으로 자리를 잡는 것도 있기 때문입니다. 천동설이 강성했을 때 갈릴레오의 지동설은 사이비 과학에 지나지 않았습니다. 천동설을 지지하는 증거도 지동설과는 비교가 안 될 정도로 풍성했으나, 결국에는 지동설의 증거들이 수세기에 걸쳐 검증이 되었지요. 그리고 나서야 지동설은 정상적인 과학으로 자리 잡을 수 있었습니다. 저는 고작 백 년이 지난 정신분석학 이론도 마찬가지로 시간을 두고 지켜봐야 한다고 생각합니다.

프로이트, 올바로 이해하기

그러면 세상에는 검증 시간을 핑계로 갖가지
사이비 과학이 판치게 될 것입니다. 그러면서 정작 과학에
관한 관심은 줄어들고, 과학은 결국 퇴보할 것입니다.
과학자이자 베스트셀러 작가였던 칼 세이건 Carl Sagan 의
책 제목처럼 사이비 과학이 사회의 발전을 가로막는
"악령이 출몰하는 세상 The Demon-Haunted World "에서
살게 되겠지요.

덴마크 소설가인 페터 회 Peter Høeg 의 작품 《스밀라의
눈에 대한 감각 Frøken Smillas fornemmelse for sne 》의 내용을 보면
주인공들이 북극으로 가서 운석과 마주치는 장면이
나옵니다. 그러면서 운석 생명체 가설이 소개되지요.
이 운석 생명체 가설은 1903년 스웨덴 화학자
스반테 아레니우스가 처음 주장했을 때만 해도,
그야말로 페터 회와 같은 창의적인 작가가 쓰는
소설에나 어울릴만한 이론이었습니다.
당시 혁신적인 운석 생명체 가설은 별로
심각하게 받아들여지지 못했지요.

지구 생명체가 운석을 타고 온 외계 미생물에서 태어났다니,
황당한 가설입니다. 운석이 얼마나 빠르게 떨어지는데
생명체가 살 수 있겠습니까? 그리고 지구에 다시 운석을
떨어뜨려 반증할 수 없는 가설이기 때문에 문제가 있습니다.

프로이트 그런데 2004년, 영국 켄트대 마크 버첼 교수팀은 초속 11킬로미터 이상의 속도로 지구에 떨어지는 운석 안에서 미생물이 생존할 수 있다는 것을 확인했다고 합니다. 그리고 연구팀은 특히 실험 대상인 운석을 얼음에 충돌시켰을 때는 미생물의 생존율이 열 배 이상 올라갔다고 발표했습니다. 사이비 과학처럼 여기던 운석 생명체 가설이 과학적 이론의 가능성을 얻게 된 것입니다.

포퍼 하지만 정신분석학은 선생님께서 말씀하셨듯이 운석 생명체 가설처럼 물질적인 차원이 아니라서 실험할 수 없지 않습니까? 비슷한 상황이라고 주장하시는 것은 논리적 비약입니다.

프로이트 저는 뇌 과학에서 무의식을 찾는 노력이 정신분석학의 과학적 체계를 세우는 데 큰 도움이 되리라 주장합니다. 미국의 애틀랜타 애로리 대학의 찰스 네머로프Charles Nemeroff 박사처럼 우울증과 관련된 정신분석 치료 효과를 뇌의 신경 연결 변화로 증명하는 학자도 있습니다. 네머로프 박사의 연구를 따르면 어릴 적 정신적 외상이 있는 환자들의 경우 우울증 약을 처방한 것보다, 정신분석 치료가 장기적인 효과가 더 있는 것으로 나왔습니다. 이것은 단순히 겉으로 드러난 것보다 복잡한 무의식적 기제가 있을 가능성을 나타내는 사례라고 할 수 있습니다.

선생님의 연구에 대한 기본적 비판이기도 하지만,
그것은 정상인이 아닌 경우에 대한 연구이기 때문에
일반화하기 어렵습니다.

프로이트

정상인에 대한 연구도 있습니다. 예를 들어 사람들은
원가가 몇천 원도 되지 않는 향수를 수십 배의 돈을
주고 삽니다. 향수를 맡으면 그냥 기분이 좋아져서라고
설명하는 것은 그럴듯하지만, 과학적인 설명이 아닙니다.
저는 무의식이 향수 구매 뒤에 숨은 비밀이라고
생각합니다. 인간이나 동물 모두 후각에 민감합니다.
아무리 정신 무장을 하더라도 냄새 나는 화장실에
들어가면 일단 불쾌해지는 것은 어쩔 수 없지요.
원래 의식적인 노력으로 좌우될 수 없는 후각을
좌우하는 것은 무엇일까요? 그것은 의식이 아닌 영역,
즉 무의식입니다. 정수리에 해당하는 뇌의 변연계limbic
system라는 부위가 주로 감정적인 처리를 하는데,
후각을 사용할 때에도 활성화됩니다. 향수를 맡을 때도
변연계가 활성화됩니다. 초기의 향수는 수컷 노루의
생식기에 달린 사향을 이용해서 만들었습니다. 암컷도
아니고, 다른 신체 부위도 아닌 수컷 노루의 생식기에서
나는 냄새에 인간이 반응한다는 것은 우리가 의식하는
것보다 훨씬 더 본능에 좌우된다는 것을 드러내는
사례라고 할 수 있습니다.

포퍼

그것은 인간의 여러 특성 중 아주 작은 일부에 해당하는 설명이 아닌가요?

프로이트

저는 보편적 원리인 진화론을 드러내는 하나의 일화로 후각 이야기를 한 것입니다. 동물은 페로몬이라는 성호르몬 냄새를 맡도록 진화됐습니다. 개미든 원숭이든 페로몬을 맡으면 성욕이 활성화되어 짝짓기를 시도합니다. 인간도 강력한 이성의 땀 냄새를 맡으면 흥분합니다. 향수는 이런 인간의 본능적 특성을 이용해서 판매합니다. 구매자는 자신이 왜 향수에 끌리는지 모르고 비싼 돈을 내고 향수를 삽니다. 커피를 구매하는 것도 이성적인 판단이 아니라, 커피를 마실 때 생기는 각성 효과 때문입니다. 합리적이라면 사람은 몸에 해로운 달콤한 과자를 선택하면 안 되지만 결국 과자를 사 먹습니다. 술과 담배도 마찬가지입니다. 아무리 이성적으로 거부해도 변연계가 활성화되면 감정에 굴복해서 비이성적인 선택을 합니다.

포퍼

인간이 비이성적인 선택을 하는 것은 오류라고 여겼지만, 최근 심리학과 경제학이 융합된 행동 경제학에서는 인간이 그런 선택을 할 수밖에 없는 심리적 체계를 갖고 있다는 이론을 펼치고 있다는 건 알고 있습니다. 무의식적 판단 경향은 오류가 아니라, 일반적이라고 주장하지요.

하지만 이런 행동 경제학의 실험이나 뇌 과학 연구가
정신분석학과 직접적 관련이 있는지는 불확실합니다.

프로이트

저는 쾌락 원칙과 현실 원칙을 이야기했습니다. 무의식적
욕망이 쾌락 원칙을 따르는데, 기존에 이성 중심의 현실
원칙을 강조한 학문이 제가 중시한 무의식의 중심 역할을
하는 쾌락 원칙에 집중하게 된 것이라 해석하고 있습니다.
TV 광고를 보면 사람들의 무의식적 욕구를 자극하기
위해 다양한 방법을 쓰고 있습니다. 이성적인 판단이
아니라 말이지요. 심지어 독일의 막스플랑크 연구소
기거렌저Gigerenzer 박사의 2001년 연구에 따르면 이성을
담당한다고 생각한 대뇌 신피질neocortex의 영역도 변연계의
공조를 통해 감정적이며 최대한 쾌감을 얻을 방법을
계산한다고 합니다. 이렇듯 제가 이론적으로 제시한
틀과 유사하게 뇌 과학과 행동 경제학 연구가 진행되고
있습니다.

이제야 좀 이해가 되는군요. 프로이트 선생님은 신피질의
손상 환자가 치매 환자처럼 상황에 적합하지 않은 행동을
하는 것을 염두에 두고 하시는 말씀이군요.
뇌의 신피질에는 사람이 인생을 살면서 얻게 된 다양한
종류의 경험이 저장되어 있는데, 신피질이 손상되면
변연계와의 연결 통로까지 망가져 적절한 행동을 못하지요.

포퍼

Sigmund
Freud

선생님의 논리에 따르면 무의식적인 변연계가 도움을
주지 못하니, 다양한 경험이 뒤죽박죽 튀어나와 이성적인
행동에 문제가 생긴다는 것이군요. 연구자들도 신피질이
변연계의 도움을 받아야 사람이 올바르게 행동한다고
보지요. 그리고 충동구매하는 경우를 보면 변연계가 특히
많이 활성화된다고 합니다. 변연계는 진화적으로 200억
년 이상 된 것에 비해 신피질은 약 20만 년 전 현생 인류가
발달하며 생긴 것이라고 합니다. 그래서 가장 익숙한 반응
패턴인 변연계 회로를 선택하게 되어 신피질의 합리적인
계산 활동을 압도하지요. 겉으로 보면 욕망이 지배한 선택을
하게 된다고 뇌 과학에서는 설명합니다. 그런데 프로이트
선생님께서 강조하시는 연구는 사실 정신분석학을 위한
연구가 아니라, 뇌 과학 자체의 연구 결과입니다.
해당 연구를 봐도 자신들의 연구 근거로 프로이트 이론을
가정하지는 않습니다.

프로이트

여러 번 말씀 드렸듯이 정신분석학은 마치 고고학
연구처럼 다양한 연구 사례를 모아서 새롭게 통찰하는
학문입니다. 그러니 무의식을 탐구할 수 있다면
뇌 과학뿐만 아니라 다른 학문의 연구 결과도
적극 활용해야 하지요.

그러나 최근 발달한 뇌 과학의 방법론을 통해서도 에로스나

포퍼

타나토스라고 하는 선생님 이론의 핵심 요소와 완전히
대응될 만한 생물학적인 구성체를 못 찾지 않았습니까?
가장 중요한 요소를 뇌에서 찾지 못했는데도 과학
이론으로서 성립할 수 있을까요? 저는 그 길이 아주
멀다고 봅니다.

프로이트 멀기는 해도 불가능한 것은 아니지요. 물음표는 틀렸다는
엑스 표가 아닙니다. 그러니 저는 정신분석학의 과학
가능성에 대해서는 지금 단칼에 잘라 버리기보다는
당분간 현재 진행형으로 남겨 놓기를 바랍니다.

Sigmund
Freud

연역법

연역법은 아주 보편적인 원칙을 바탕으로 특수한 사례를
설명하는 방식이다. 연역법은 다음과 같은 논리를 따라 전개된다.

대전제	인간은 죽는다.
소전제	소크라테스는 사람이다.
결론	(그러므로) 소크라테스는 죽는다.

연역법으로 기존 법칙을 확증할 수는 있지만 새로운 원리를
발견할 수 없다는 단점을 갖고 있다.

귀납법

구체적 사례에서 출발해 보편적 이론을 체계화하는
과학적 사고 방법이다. 따라서 귀납주의자들은 이론에 들어맞는
사례를 많이 찾음으로써 이론이 참일 가능성을 높이는 것이
과학의 발달 과정이라 생각했다.

반증법

기존 이론에 반하는 사례를 찾음으로써 이론을 체계화하려는
과학적 사고 방법이다. 따라서 반증주의자들은 반증 가능성이
더 높은 이론을 찾아가는 것이 과학의 발달 과정이라고 생각했다.
포퍼가 프로이트를 비판한 것도, 정신분석 이론을
반증할 수 없다는 점 때문이었다.

왜 다시 프로이트인가?

프로이트는 진정 비난받아 마땅한가?

프로이트 이론이 백 년이 지난 지금까지도 연구되고 있다. 즉 현재 진행형이다. 이것은 그의 이론이 올바른 것으로 받아들여져 필수적인 진리처럼 평가되기 때문은 아니다. 역설적이게도 그의 이론을 둘러싸고 재해석의 논란이 끊이지 않은 덕분이다. 흔히 프로이트에 대한 비판은 다음과 같이 정리된다.

첫째, 신경증 환자의 연구에 집중되어 있어 정상인에게 적용되기 어렵다. 정신분석학은 특성상, 인상적인 신경증 환자의 사례가 이론의 타당성을 뒷받침한다. 그러나 프로이트가 꿈이라는 지극히 정상적인 정신 행위를 분석했다는 사실도 잊지 말아야 할 것이다. 또한, 그가 신경증에 매달린 이유도 인간 행동의 근본에 있는 무의식이 신경증을 통해 적나라하게 드러나기 때문이었음을 살펴야 한다.

둘째, 프로이트는 인간을 과거의 한때 경험으로 크게 좌우되는 수동적 존재로 보았다는 것이다. 이 비판 역시 어느 정도 타당하다. 그들이 주장하듯 우리 인간은 한 번 프로그래밍되면 변하지 않는 로봇이 아니다. 그렇다고 프로이트가 인간이 로봇과 같다고 주장한 적은 없다. 오히려 인간의 행동에는 복잡한 의식, 전의식, 무의식, 이드, 자아, 초자아의 역동이 숨어 있다고 말했다. 무의식과 이드를 강조했을 뿐, 무의식과 이드가 전부라고 주장하지는 않았다.

프로이트가 유년기의 영향력을 강조한 것은 차라리 최신 이론인 '나비 효과'와 연관 지으면 쉽게 이해할 수 있다. '브라질에 있는 나비의 날갯짓이 미국 텍사스에 토네이도를 발생시킬 수도 있다'는 이 이론은 얼핏 사소한 변화가 결과를 크게 달라지게 한다는 것만 기억하기 쉽다. 그러나 정확히 이해하려면 다른 말을 하나 더 기억해 둬야 한다.

'초기 조건의 민감성!'

나비는 단순히 사소한 존재를 강조하려고 넣은 비유가 아니었다. 초기 조건의 민감성을 강조하기 위해서 쓴 것이다. 나비 효과는 큰일을 일으키는 사소함이 아니라 초기 조건의 민감성을 중심으로 이해해야 한다. 프로이트의 '생애 초기 기억이 중요하다'는 주장도 이와 같은 맥락에서 이해하면 좋다. 다섯 살 이전의 떠올릴 수 없는 기억일지라도 무의식에 남아 우리 행동의 원인으로 작용한다는 프로이트의 주장은 여러모로 나비 효과 이론과 구조적으로 비슷하다.

사실 프로이트의 이론은 시작점부터가 모순적이어서 비판하자면 너무도 쉽게 비판할 수 있다. 신경증을 치료하기 위해서는 그 환자를 억압한 사회를 이해해야 하고, 사회를 이해한다는 것은 일단 현실을 보수적인 시각으로 인정해야 한다는 것이며, 환자를 치료하기 위해서는 현실에서 인정되지 않는 면을 찾아서 진보적으로 부각해야 하니 보수든 진보든 양쪽에서 다 불만이 있을 수밖에 없다. 그러니, 비판을 위한 비판을 나열하기는 쉽다. 하지만 이것은 비판자 자신의 지적 허영심을 무의식적으로 드러내는 일밖에 안 된다. 그보다는 프로이트가 연 지평을 비판적으로 논의하는 일에 열정을 집중시켜야 할 것이다. 만약에 여성주의자가 '무조건 프로이트는 안 돼!'라는 생각으로 비판했다면 프로이트를 재해석하면서 여러 창의적 지평을 얻지 못했을 것이다. 프로이트의 비판자라고 해도 프로이트가 근대 이후 인간을 재정의하는 데 크게 공헌한 것은 부정하지 못한다. 프로이트는 이성이 언제나 우리의 행동을 지배하는 것은 아니라는 점, 18세기 이후 서양 철학에서 강조하던 합리주의자들의 주장대로 인간이 이성 체계로만 존재하는 것은 아니라고 반박했다. 그의 이러한 주장은 그때까지 굳건하게 지켜졌던 철학의 기본 가정을 크게 흔들었고, 그 결과로 여러 가지 새로운 가능성을 제공해 지금 우리가 배운 이론들이 등장한 것이다.

프로이트가 처음부터 완벽한 이론이나 방법론을 내놓은 것은 아니다. 평생 계속 그 이론과 방법론을 당대 최신의 자연 과학 발견이나 문학, 환자와의 상담, 자기 분석 등을 통합하며 다듬어, 자신이 알고 싶던 인간의 정신세계를 계속 탐구했다. 그리고 인간을 새롭게 정의했다. 마치 소크라테스가 산파술로 사람들의 생각을 키워 낸 것처럼, 그도 자신과 다른 생각을 하던 여러 철학자의 생각을 키워 냈다. 소크라테스의 산파술이 비과학적이라고 해서 가치 없다고 할 수 없듯이 프로이트의 방법론도 가치 없는 것으로 간주해서는 안 된다.

기본적으로 과학이 진리를 탐구하는 데 유용하기는 하나, 유일한 수단은 아니다. 우리는 철학이나 예술 체험으로도 진리에 도달할 수 있다. 프로이트는 이 점에 대해 열린 생각을 하고 있었다. 그는 과학으로 입증된 것만을 진리로 받아들여야 한다는 믿음에서 벗어나 새로운 지평으로 새로운 학문까지 만들었다. 그리고 그 이론을 확장시키기 위해 가장 논리적이고 적절한 방법을 찾아낸 것을 잊지 말아야 한다. 한 가지 재미있는 반론을 하나 소개할까 한다. 정신분석학자들은 프로이트를 비판하는 사람들에게 이렇게 말한다.

"당신들은 뉴턴에게 중력의 법칙을 병에 담아 설명해 달라고 요구하지 않지 않는가? 그런데 왜 프로이트에게는 그러라고 요구하는가?"

이 말을 곰곰이 생각해 볼 필요가 있을 것이다.

내치거나 혹은 끌어안거나

인류 역사상 가장 크게 인간의 체면에 상처 입힌 사건과 그 주모자를 꼽으라면 몇 가지나 꼽을 수 있을까? 우선 쉽게 떠오르는 사건은 약 세 가지 정도이다.

첫 번째 사건의 주모자는 코페르니쿠스였다. 그는 신의 가장 중요한 피조물인 인간이 사는 지구가 온 우주의 중심이 아니라는 주장을 했다. 신을 중심에 놓고, 또 그 신과 남다른 관계에서 모든 것을 생각했던 중세 사람들에게는 큰 충격이 아닐 수 없었다.

두 번째 사건의 주모자는 다윈이었다. 그는 인간을 신이 만든 존재라고 믿는 것은 허황한 것이며, 인간은 원숭이와 아주 가까운 관계로, 진화로 오늘에 이르렀다고 주장했다. 다윈의 이론에 의한 충격이 아직 끝나지도 않았을 시기, 인간의 자존심에 또 다른 시련이 닥쳤다. 바로 프로이트가 등장한 것이다.

　세 번째 사건의 주모자인 오스트리아 출신의 정신과 의사 프로이트는, 히스테리를 연구하다가 인간 정신에 대한 새로운 가설을 내세웠다. 그의 가설에 의하면 인간에게는 의식만 있는 것이 아니라 의식이 조정하지 못하는 거대한 무의식의 영역이 있는데, 무의식의 영향력은 오히려 의식보다 크다는 것이었다. 프로이트가 이 가설을 내세웠을 당시에 사람들은 인간의 이성에 매우 큰 자신감을 느끼고 있었다. 인간의 정신에 스스로 어찌할 수 없는 거대한 무의식이 있다고 한 프로이트의 이론은 이성에 대한 믿음으로 한참 부풀어 오른 사람들에게 도전처럼 느껴졌다. 하지만 사람들은 프로이트의 말을 무시할 수도 없었다. 왜냐하면, 그는 당대 최고 수준의 교육을 통해 이성을 발달시킨 사람이었기 때문이다.

　아무리 프로이트를 비판한다고 해도 그 위대함을 부정하지 못할 이유가 두 가지 있다. 첫째는 그가 실제로 엄청난 효과가 있는 이론적 지평을 열었다는 것이다. 당시에 많은 정신병 환자가 프로이트의 이론이나 처방을 따라 상태가 호전되었다. 진화의 저주라 일컫는 신경증을 앓는 환자들에게는 그 어떤 종교적 치유보다도 실제적인 도움이 되었다는 사실 자체는 부정할 수 없다. 물론 정신분석 치료 효과를 두고 한 환자의 자연 치유를 유도한, 운이 좋은 결과였다고 비판할 수 있다. 그러나 정신분석 치료는 환자가 의사와 대화하는 과정에서 환자 스스로 문제를 끄집어 내 치유할 수 있도록 한 것이므로 단순히 운이 좋았다고 볼 수 없다.

두 번째는 정상인도 자신의 생각이나 행동을 새로 직관하게 되었다는 것이다. 프로이트는 원래 '치료'라는 임상적인 목적으로 연구를 시작했지만, 오직 '병든' 마음에만 관심 있던 사람은 아니었다. 그는 신경증 환자뿐 아니라 우리 인간의 마음에 대한 '일반적인 이론'을 만드는 것에 관심이 있었다. 그가 신경증 환자를 연구한 이유는 '정상적인 사람'인 경우에는 잘 드러나지 않는 마음의 심층 구조를 엿볼 수 있다고 믿었기 때문이다. 그래서 신경증 환자를 통해 마음의 구조를 발견했고, 이성적 인간에 대한 정의에서 벗어난 비합리적인 특성이 있는 인간을 재정의했다. 결국, 프로이트를 통해서 이전에 우리 삶 속의 '비합리적인 것'이라 여기던 것을 이른바 '합리적인 것'과 조화롭게 어우러지는 것으로 이해할 길이 열린 것이다.

프로이트가 만든 정신분석학의 영향으로 현대 서구 사회는 기존의 확고한 가치관을 수정하게 되었다. 프로이트의 이론은 과학적인 이론이라기보다는 철학적 직관에 가깝다. 그러나 그가 말하는 직관은 우리가 자신을 주의 깊게 살펴보면 얻기 쉬운 것이어서 정신분석학은 단지 정신과에서 통용되는 개념에 그치지 않고 인류학, 범죄학, 교육학, 예술 분야까지 두루 영향을 주었다. 직관의 힘 때문인지 우리는 지금도 우리의 행동이나 마음을 설명할 때 프로이트의 용어를 무의식적으로 쓴다. 욕망, 본능, 충족, 억압, 오이디푸스 콤플렉스, 리비도, 꿈의 상징성, 자아, 이드, 초자아, 정신적 외상, 무의식 등등 그 용어는 셀 수 없이 많다. 프로이트가 했던 말 자체가 중요한 것이 아니라, 프로이트가 시도한 방식을 좇는 재미와 유익함 때문에 그가 만든 용어는 우리 주변에 살아남았다. 우리가 일상생활에서 다른 사람과 대화하기 위해 기본적인 단어를 배워야 하듯이 자신을 이해하고, 다른 사람을 이해하고, 사회, 역사, 문명을 이해하기 위해서, 프로이트를 읽어야 한다.

현대에서 프로이트는 그 자체가 목적지라기보다는 중요한 중간 다리와도 같은 의미이다. 어떤 사람은 모더니즘이 프로이트가 말한 현실 원칙을 중시했다면, 지금 포스트모던 시대에는 쾌락 원칙을 중요시한다고 말한다. 지금 우리 삶을 둘러싼 포스트모던 시대를 분석하는 철학자들의 저서를 올바로 이해하기 위해서라도 프로이트는 꼭 알아야 하는 사람이다. 비단 라캉, 데리다, 푸코와 같은 철학자를 이해하기 위해서만은 아니다. 여성 운동, 흑인 운동, 제3세계 운동의 이론적 근거인 페미니즘과 탈식민주의 이론 등의 정치사상뿐만 아니라 인류학, 심리학, 예술 등 거의 전 분야의 새로운 흐름을 잘 읽기 위해서도 프로이트는 필수적으로 먼저 이해해야 하는 '과정'이다.

사람들은 프로이트의 업적을 다윈이나 코페르니쿠스에 필적하는 새로운 전환이라고 평가한다. 또 어떤 사람은 프로이트를 인문학의 아인슈타인이라고 말한다. 아인슈타인이 현대의 자연 과학에 끼친 영향이 막강하듯이, 프로이트가 인문 과학과 예술에 영향을 끼친 점이 그렇다. 프로이트 덕분에 인류학, 역사, 문학 이론과 관련된 연구자, 심리 치료사, 예술가들이 무의식에 관심을 기울이며 인간의 삶과 예술에 대해 새로운 것을 조명할 수 있었다. 과학적으로 접근할 수 없다고 생각한 영역을 깊이 이해하는 것과 더불어 인간의 정신세계를 열어 주었다는 데에도 프로이트의 위대성이 있다.

프로이트는 인간에게 자신과 타인을 이해하는 방법을 제시한 사람이다. 그를 통해 우리는 나를 더 잘 알 수 있고, 내가 접하는 사람들을 더 잘 이해할 수 있고, 사회를 이해할 수 있고, 문화와 역사를 이해할 수 있다. 그렇다고 과거나 현재만 이해하고 멈추는 것이 아니다. 그런 이해를 바탕으로 또 다른 개인적, 사회적, 역사적, 문화적 가능성을 고려할 수도 있다. 이것은 새로운 생각의 지평이 열은 것이다. 그래서 우리 시대의 유명한 철학자나 과학자, 운동가, 예술인이 끊임없이 프로이트를 재해석하고 각자 나름의 결과물을 쏟아 놓는지도 모른다. 그렇기에 프로이트의 사상은 현재 진행형이다. 프로이트를 통해 각자 새로운 생각의 지평을 얻는 것, 바로 이것이 백 년이 지난 지금도 프로이트를 새롭게 읽어야 하는 가장 큰 이유이다.

니체와 마르크스의 만남

이 책에서 프로이트 이론의 가치를 강조하다 보니 마치 그의 이론을 절대적 진리인 것처럼 오해하는 독자가 있을지도 모르겠다. 프로이트의 이론은 현대에도 적용될 수 있는 좋은 문제 제기를 한 것은 확실하지만, 그의 결론까지 그대로 받아들일 수 있는 정도는 아니다. 현대는 고사하고 당대에 경쟁 관계에 있던 니체와 마르크스의 사상에 비춰보면 그 빈틈이 더 잘 보인다. 따라서 프로이트의 이론을 비판적으로 이해하고 현대적으로 활용하기 위해서는 니체와 마르크스를 꼭 읽어 보기를 권한다. 니체와 마르크스의 사상 역시 현대에 지대한 영향을 미치고 있기에 니체와 마르크스 사상 자체를 이해하기 위해서라도 볼 필요가 있다.

프랑스 철학자 들뢰즈, 리쾨르와 한국의 철학자 강영계, 김상환 등에 의해서 프로이트, 니체, 마르크스 세 사람은 20세기 지성계를 형성시킨 인물로 묶여서 자주 논의됐다. 그 정도로 여러 분야의 지식을 접하다 보면 필수적으로 언급되는 인물이 바로 이 세 사람이다. 그런데 프로이트, 니체, 마르크스는 모두 독일 문화권에서 태어나 기존의 철학을 종합한 헤겔 철학에 영향을 받았다는 시대적·공간적 공통점 외에,

근대의 현실에 대해서 절망했으면서도 그런 현실을 변화시키기 위해 관념적 논의를 즐기는 철학에 머물지 않고 실제로 변화를 강조하는 철학을 하려고 파란만장한 일생을 살았다는 점에서도 공통점이 있다.

그러나 구체적인 삶의 모습은 사뭇 달랐다. 마르크스는 자신과 똑같은 유대 인인 프로이트처럼 고전 문학을 즐겨 읽었다. 심지어 철학자와 시인 사이에서 진로를 고민했을 정도다. 그러나 기존의 종교 비판, 경제 비판, 정치 비판을 하면서 사회 변혁에 더 관심을 두게 되었다. 그러나 평생 그를 괴롭혔던 가난과 유대 인에 대한 냉대에 절망스러운 삶을 살아야만 했다.

니체는 목사의 아들로 태어나 신의 존재에 크게 감화받으며 자랐다. 하지만 청소년기에 기독교에 대해서 깊은 회의를 느꼈다. 그리고 세상의 현실까지 부정적으로 보면서 자신이 생각하고 느낀 것을 예술 작품과 철학서로 표현하기 시작했다. 그의 인간과 사회에 대한 분석과 주장은 날카로웠다. 특히 니체가 《도덕의 계보》에서 주장한 여러 이론은 사실상 프로이트가 나중에 《정신분석학》에서 밝힌 개념과 많이 겹쳤다. 하지만 니체는 프로이트처럼 무의식을 중시하지 않았다. 오히려 표면적인 합리성이 진짜 합리적 이성을 발휘하지 못하게 해서 현실 문제가 나온다며 진정한 지식, 진정한 이성으로 무장할 것을 강조했다. 그런데 정작 자신은 이성적으로 완벽한 존재로 평가받기는커녕 죽기 10년 전부터 미치광이로 몰려 결국 정신 병원에 갇혀 비참한 최후를 맞았다.

　　한편, 프로이트는 이성주의자로 교육받으며 과학자가 되려고 했지만, 무의식과 본능을 강조하는 이론을 펼쳐 늘 격렬한 논쟁을 불러일으켰다. 수많은 오해를 받으면서도 자신의 신념에 따라 죽기 전까지 정신분석학을 통해 개인과 사회의 발달 원리를 찾는 데 온 힘을 다했다. 하지만 그의 이론은 당대에나 지금 모두 과학적이지 않다는 이유로 무시되고 있으며, 말년에는 계속되는 구강암 수술과 나치 때문에 자신의 생활 근거지에서 떨어져 나와 극심한 향수병으로 고생했고, 행복하지 못한 죽음을 맞이했다.

　　세 사람은 사회 변혁을 모색하는 방법도 달랐다. 프로이트는 전통적인 서구의 이성 중심주의를 공격하면서 무의식의 세계를 조명하는 사상 체계를 펼쳤다. 이에 비해 니체는 기독교 중심의 사상에 젖어 있는 서구 문명의 위험을 경고하면서 새로운 합리적 사상 체계가 필요함을 역설했다. 마르크스는 서구 문명이 최선의 선택이라고 생각하는 산업 자본주의가 정신적, 물질적으로 여러 문제를 만들어 내는 것을 비판하며 자본주의적 생산 시스템부터 개혁해야 한다고 강조했다. 즉 프로이트는 역사적으로 오래된 본능과 무의식의 영향력을, 니체는 새로운 정신적 이성과 언어의 영향력을, 마르크스는 물질과 화폐의 영향력을 강조했다. 그러면서 세부적인 사항에서 서로 비판할 수밖에 없는 이론적 차이점을 보였다.

이렇게 구별하면 세 사람의 이론이 간단한 듯하다. 하지만 사실은 전혀 그렇지 않다. 후대 사람이 잘못 읽거나, 자기 자신이 여러 번 이론을 수정하면서 모순되는 주장까지 서슴지 않았기 때문에 이해하기 어렵다. 하지만 도전이 어려울수록 성취감은 큰 법. 세 사람이 가졌던 지성의 폭과 깊이를 깨닫는 순간 여러 지식의 퍼즐이 한꺼번에 맞춰지는 것처럼 짝이 맞는다. 따라서 꼭 세 명의 철학을 함께 비교하면서 보기를 추천하는 바이다.

프로이트와 니체, 마르크스의 저서를 어느 정도 읽고 난 다음 비판적으로 프로이트를 더 잘 이해하고 싶은 독자는 프롬과 마르쿠제의 저서들을 꼭 읽기 바란다. 두 철학자 모두 니체의 실존적 관심을 바탕으로 마르크스의 관점에서 구체적인 프로이트 이론에 대한 비판서를 내놓았다. 예를 들어 프롬은《자유로부터의 도피 Escape From Freedom》를 통해 프로이트의 오이디푸스 콤플렉스 개념의 문제점을 지적하고, 마르쿠제는《에로스와 문명》에서 문명과 억압을 동일시하는 프로이트 이론이 현실 변화를 올바르게 이룰 수 없다고 비판했다. 또한, 두 사람이 함께 쓴《프로이트 심리학 비판 Criticism Freud Psychology》을 통해서는 그의 이론이 기존 사회의 문제점을 정당화하는 것으로 오용될 소지와 역사적 시각 부족을 지적 했다. 특히 프롬의 저서는 철학적 심오함과 비교하면 표현 언어는 어렵지 않아 접근하기 쉬우므로 적극 추천한다.

많은 사람이 프로이트를 더 잘 이해하려고 자크 라캉 Jacques Lacan의 철학에 도전한다. 개인적으로는 이 방법을 권하지 않는다. 왜냐하면, 라캉은 프로이트를 그가 품었던 지평이 아니라, 라캉 자신의 맥락에서 독자적으로 해석했기 때문이다. 소쉬르의 구조주의 언어학에 대해 기본 공부를 한 다음, 비판적으로 자크 라캉을 공부하기를 권한다.

그렇지 않으면 프로이트 이론의 새로운 지평에 관해 이야기하는 것이 아니라, 개념적으로 혼란에 빠져 오히려 프로이트를 이해하는 데 방해된다. 혹은 들뢰즈와 라캉을 대립시키며 욕망에 대해 장황하게 이야기하는 것으로 프로이트 이론을 이해했다고 오해할 수도 있다. 프로이트의 이론 자체를 통해 볼 수 있는 지평은 라캉을 통해 프로이트 이론을 이해하는 것보다 훨씬 크다. 프로이트의 지평을 올바로 볼 수 있는 비판적 독서를 하려면 지성의 역사에서 프로이트와 비슷한 위치를 가진 니체와 마르크스를 먼저 보아야 할 것이다.

부록

프로이트에서 한 발짝 나아가기

- 지적인 탐험을 계속 유도하는 바칼로레아 문제
- 프로이트의 주요 저작
- 더 찾아볼 거리
- 프로이트와 영향을 주고받은 사상가들 20세기 사상지도

■ 지적인 탐험을 계속 유도하는 바칼로레아 문제

아래 문제들은 모두 프랑스의 대학 입학 자격 시험인 바칼로레아에
출제된 것이다. 그리고 모두 프로이트를 통해 탐험할 수 있는
새로운 지평이기도 하다. 부디 스스로 답하려 도전해 보기 바란다.
다시 한 번 강조하지만, 프로이트는 현재 진행형이다.
그리고 직접 현실 문제에 프로이트의 이론을 적용하려고
노력해야 참된 가치를 느낄 수 있다.

1 우리가 하고 있는 말에는
   우리 자신이 의식하는 것만이 포함되는가?

2 무의식에 대한 과학은 가능한가?

3 도덕적으로 행동한다는 것은
   반드시 자신의 욕망과 싸운다는 것을 뜻하는가?

4 무엇이 내 안에서 어떤 행동을 해야 할지를 말해 주는가?

5 어디에서 정신의 자유를 알아차릴 수 있나?

6 꿈은 필요한가?

7 스스로 의식하지 못하는 행복이 가능한가?

■ 프로이트의 주요 저작

연대순이 아니라 독자 여러분이 프로이트의 이론을 이해하기 위해
보았으면 하는 순서로 저작을 배치했음을 밝힌다.

꿈의 해석

첫 번째 장 〈꿈 문제에 관한 학문적 문헌〉, 두 번째 장 〈꿈-해석의
방법 꿈 사례 분석〉, 세 번째 장 〈꿈은 소원 성취이다〉, 네 번째 장
〈꿈-왜곡〉, 다섯 번째 장 〈꿈-재료와 꿈-출처〉, 여섯 번째 장
〈꿈-작업〉, 일곱 번째 장 〈꿈-과정의 심리학〉 등 《꿈의 해석》에 있는
일곱 개의 장은 정신분석 이론의 기초를 이해할 수 있는 원리와
다양한 사례를 제시하고 있다.

정신분석 강의

이 책은 1915년 10월에서 1916년 3월, 1916년 10월에서 1917년 3월
두 차례에 걸쳐 빈 대학에서 강의한 내용을 모아서 만든 책이다.
전체 스물여덟 편의 강의록으로 이루어져 있으며, 첫해 강의한
제1부 실수 행위들, 제2부 꿈, 두 번째 해에 강의한 제3부 신경증에 관한
일반 이론으로 나뉜다. 강의록인 만큼 프로이트 이론의 다양한 개념에
대해 일반인도 쉽게 이해할 수 있는 내용으로 구성되어 있어
좋은 프로이트 입문서로 평가받고 있다.

성욕에 관한 세 편의 에세이

이 책에는 프로이트 이론의 뜨거운 감자라고 할 수 있는 성과 관련된
이야기가 총 열여섯 편의 논문으로 수록되어 있다. 1905년 처음 발표되고
20여 년에 걸쳐 수정 보완하면서 판을 거듭한 것으로도 유명한 이 책은
그만큼 프로이트가 성 개념을 자신의 이론에서 중시했음을 드러낸다.
인간의 발달 단계에 관심이 있는 독자에게는 필독서이다.

무의식에 관하여

〈정신적 기능의 두 가지 원칙〉, 〈정신분석에서의 무의식에 관한 노트〉,
〈나르시시즘에 관한 서론〉 등의 논문이 수록되어 있다.
이 책은 프로이트 전집 제14권 〈쾌락 원칙을 넘어서〉와 더불어
정신분석 전체를 종합적으로 이해할 수 있는 지평을 제공하는
소중한 저서로 손꼽힌다.

문명 속의 불만

프로이트가 개인적 신경증이 아니라, 사회와 문명의 역사에 대해서
어떤 통찰을 가졌는지 보여 주는 저작이다. 이 책을 통해 사회 제반
문제를 고민한 프로이트의 열정과 지식을 이해하는 한편,
현재의 사회 문제에 프로이트 이론을 독자 여러분 스스로 적용하려
노력하면 프로이트를 더 좋아하게 될 것이다. 힌트! 부디 오이디푸스
콤플렉스의 개념에 집중하기를. 그러면 문명이 인간의 본능과의
대립하는 이유와 그 결과 일어나는 사회적 현상, 종교나 전쟁이
왜 일어나는지 등을 깨달을 수 있을 것이다.

쾌락 원칙을 넘어서

이 책의 제목은 쾌락 원칙에 대하여가 아니다.

쾌락 원칙을 넘어서라는 것에 주목해야 한다. 기존에 자신이 주장하던 핵심 이론인 쾌락 원칙마저도 초월해서 도전하는 프로이트의 열정을 확인할 수 있는 〈쾌락 원칙을 넘어서〉와 〈자아와 이드〉, 〈방어 기제에서 나타난 자아의 분열〉 등 다섯 편의 논문으로 이루어져 있다.

이 책은 프로이트의 후기 사상을 집대성하고 있다. 하지만 단지 기존 이론을 모은 것이 아니다. 프로이트 사후에 출판된 미완성 원고도 포함되어 있어 기존의 이론과 차이 나는 부분이 많아 프로이트가 계속 살아 있었으면 전개할 수 있었던 이론적 흐름을 추측할 수 있는 소중한 자료이다.

예술과 정신분석

프로이트 이론이 지대한 영향을 미친 분야 중 하나가 예술 비평이다. 아예 심리주의 비평이라는 한 분야를 만들 정도였다. 이 책에 실린 〈레오나르도 다 빈치의 유년 기억〉, 〈미켈란젤로의 모세 상〉 등을 보면 오이디푸스 콤플렉스 등 프로이트의 핵심 개념으로 얼마나 풍성하게 작품을 감상할 수 있는지 놀라게 될 것이다. 이 책을 통해 예술 작품을 깊이 있게 감상하는 지평을 얻게 되기 바란다.

■ 더 찾아볼 거리

《정신분석과 프로이트 – 옥스퍼드 위대한 과학자 시리즈》

마가렛 머켄하우프트 지음 / 김문영 옮김 / 바다출판사

아주 쉽게 읽을 수 있는 내용을 중심으로 부담 없게 편집된
꽤 매력적인 입문서이다.

《정신분석 혁명 – 프로이트의 삶과 저작》

마르트 로베르 지음 / 이재형 옮김 / 문예출판사

프로이트의 저작뿐 아니라 친구들과 주고받은 편지까지 세밀하게
분석하고 프로이트의 삶과 저작을 추적해서 프로이트를 전체적으로
이해하는 데 큰 도움이 되는 책이다.

《프로이트 심리학》

캘빈 S. 홀 지음 / 백상창 옮김 / 문예출판사

프로이트의 이론에 궁금한 사람이 대부분 처음 읽는 책이다.
캘빈 홀이 파악한 프로이트에 동의하든, 반대하든 간에
다른 사람들이 프로이트를 어떻게 이해하고 있는지를
객관적으로 살펴볼 수 있는 책으로서의 의의가 있다.

《프로이트 전집》

지크문트 프로이트 지음 / 임홍빈 외 옮김 / 열린책들

프로이트가 쓴 저작을 모두 출간한 전집으로서 프로이트의
사상 전반을 살피기 좋다. 그러나 심리학자나 정신분석학자가 아니라
단순히 어문학 전공자 등이 번역한 책도 끼어 있어 잘못된 번역에 의한
오독의 위험이 있다. 전집에 있는 열다섯 권을 모두 읽기 어렵다면 앞에서
제시한 일곱 권을 차례대로 골라 읽어도 프로이트를 이해하는 데
큰 도움이 될 것이다.

《융 심리학 입문》

캘빈 S. 홀, 버논 J. 노드비 지음 / 김형섭 옮김 / 문예출판사

프로이트에 대한 책은 아니지만, 프로이트를 비판적으로
이해하는 데 필요하다. 융과 프로이트의 차이를 종합하면
개인과 사회, 역사를 관통하는 정신분석의 가능성을 느낄 수 있다.

《정신분석에로의 초대》

이무석 지음 / 이유

프로이트에 관한 내용뿐만 아니라 정신분석과 관련된
다른 학자들의 이론과 주변 사례 이야기가 많이 나와 있다.
프로이트에 대한 언급이 부분적이기는 하지만 국내 저자로서
매끈하게 읽히는 프로이트를 경험할 좋은 기회가 될 것이다.

www.freud.org.uk

프로이트에 대한 온라인 박물관이다.
전기, 사진, 프로이트 저작 내용, 프로이트 관련 저작을 모두
볼 수 있다. 특히 이 책의 내용을 떠올리면서 온라인에 등록된
프로이트의 원문을 읽으면 생생한 감동을 느낄 수 있을 것이다.

www.nyfreudian.org

이 사이트 안에 있는 프로이트 저작의 요약 모음과 기타 다양한 자료를
보는 것만으로도 프로이트의 활발한 지적 활동과 재해석 범위를
가늠하는데 좋은 자료가 될 것이다.

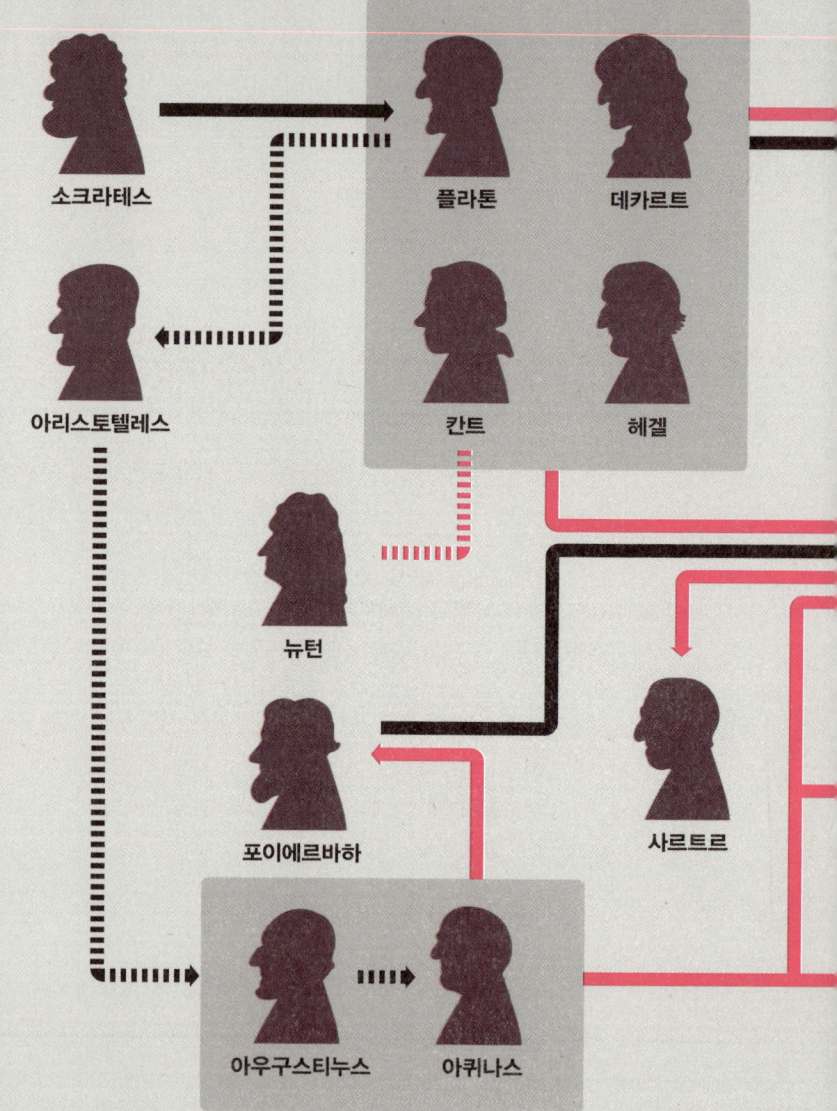

■ 프로이트와 영향을 주고받은 사상가들
20세기 사상지도

소크라테스

플라톤

데카르트

아리스토텔레스

칸트

헤겔

뉴턴

포이에르바하

사르트르

아우구스티누스

아퀴나스

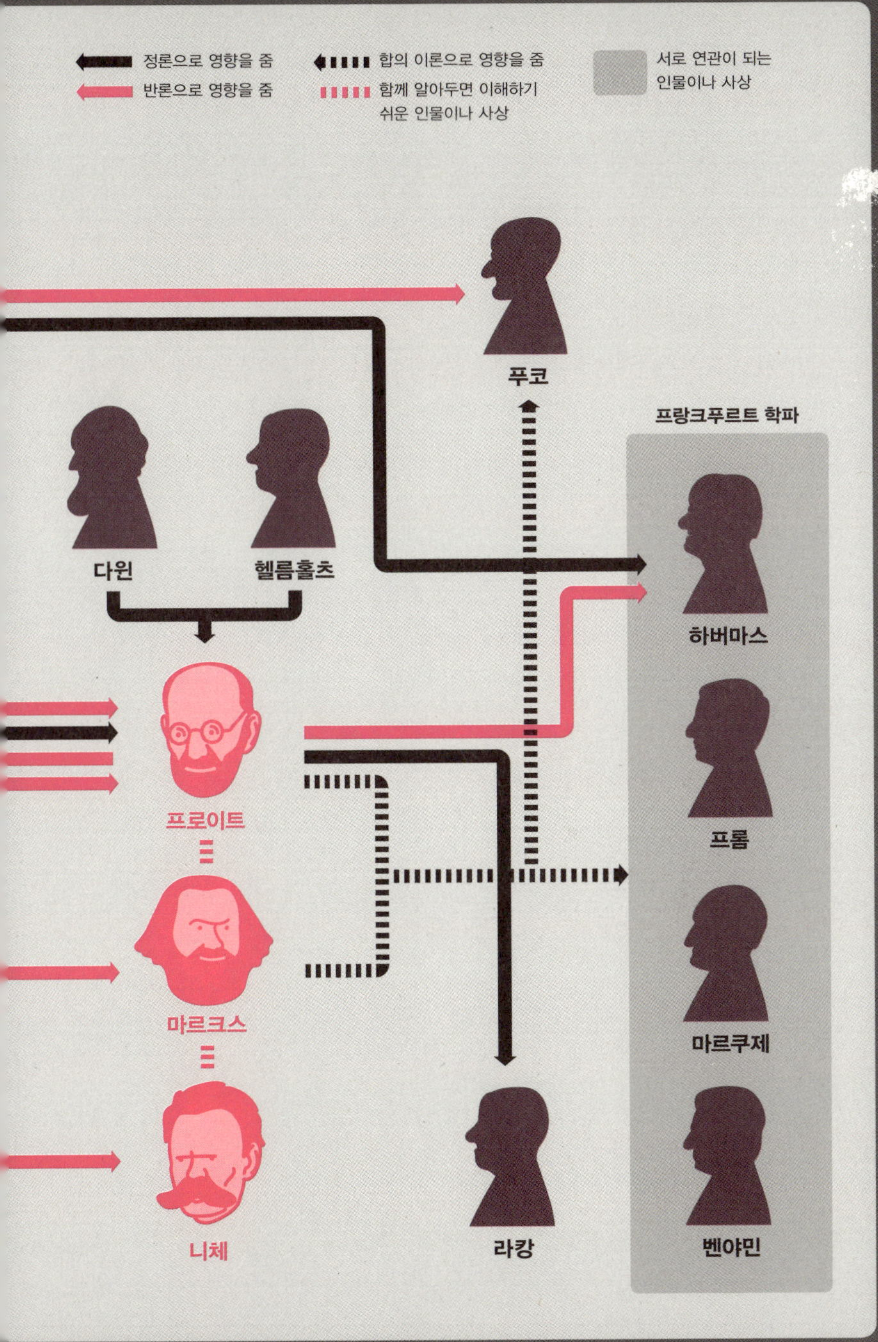

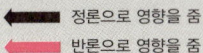 정론으로 영향을 줌

반론으로 영향을 줌

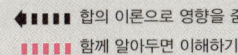 합의 이론으로 영향을 줌

함께 알아두면 이해하기
쉬운 인물이나 사상

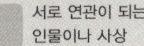 서로 연관이 되는
인물이나 사상

푸코

프랑크푸르트 학파

다윈   헬름홀츠

하버마스

프로이트

프롬

마르크스

마르쿠제

니체   라캉   벤야민